# Erstelle & verkaufe Videos mit KI

Nutze KI-Tools, um YouTube Shorts, TikToks, Reels und gesichtslose Videos zu erstellen, die dir dauerhaft Einkommen bringen

*von Joe Correa*

**Veröffentlicht von Live Stronger Faster**



**Erste Auflage**

# Inhaltsverzeichnis

# Einleitung

## Willkommen zur KI-Video-Revolution

Die Art und Weise, wie Menschen Inhalte konsumieren, hat sich für immer verändert. Wir haben uns von langen, aufwendig produzierten Videos hin zu schnellen, prägnanten und wirkungsvollen Inhalten bewegt – dank Plattformen wie TikTok, Instagram Reels und YouTube Shorts. Und jetzt, mit dem Aufstieg der künstlichen Intelligenz, kannst du diese Videos schneller, einfacher und ganz ohne dein Gesicht zu zeigen erstellen.

Dieses Buch ist deine Schritt-für-Schritt-Anleitung zum Aufbau einer Einkommensquelle mit KI-Video-Tools. Egal, ob du Unternehmer, Content-Creator oder kompletter Anfänger ohne technische Vorkenntnisse bist – dieser Leitfaden ist für dich.

## Warum KI-Videoerstellung die Zukunft ist

KI-Tools ermöglichen es heute jedem, Videos in wenigen Minuten zu skripten, zu schneiden, zu vertonen und zu veröffentlichen – etwas, das früher Stunden oder teure Teams erforderte. KI-Video-Creator verändern das Spiel grundlegend.

Du brauchst keine Kamera.

Du musst nicht vor der Kamera sprechen.

Du brauchst nicht einmal Schnittkenntnisse.

Alles, was du brauchst, ist eine Idee – und diesen Leitfaden.

## Was du in diesem Buch lernen wirst

Dieses Buch zeigt dir:

- Wie du gesichtslose Kurzvideos mit KI erstellst.
- Welche KI-Tools sich am besten für Skripte, Schnitt und Veröffentlichung eignen.
- Wie du aus einem langen Video Dutzende leistungsstarke Shorts, Reels oder TikToks machst.
- Wo du veröffentlichst und wie du monetarisierst.
- Tipps, um Aufrufe und Einkommen zu steigern – ohne je vor der Kamera zu sein.

Außerdem führen wir dich durch praxisnahe Anwendungsfälle und Monetarisierungsstrategien, darunter:

- Affiliate-Marketing mit Video-Content.
- Der Aufbau gesichtsloser YouTube-Kanäle für passives Einkommen.
- Der Verkauf von Content-Paketen an Unternehmen mithilfe von KI-Automatisierung.

- Die Nutzung von Trends + KI, um mit minimalem Aufwand viral zu gehen.

## Warum das wichtig ist

Kurzvideo dominiert das Internet:

- Über 15 Milliarden Kurzvideos werden täglich angesehen.
- Gesichtslose Kanäle verdienen Tausende durch Werbeeinnahmen, Affiliate-Provisionen und Markenkooperationen.
- Unternehmen bezahlen Creator für Inhalte, die sie nicht einmal selbst erstellt haben – sie wurden mit KI automatisiert.

Das ist nicht nur ein Trend. Das ist ein Wandel. Und wenn du jetzt einsteigst, positionierst du dich für langfristigen Erfolg.

## Für wen dieses Buch ist

- Creator, die nicht vor die Kamera wollen.
- Eltern, Studierende oder Vollzeitbeschäftigte, die nach passivem Einkommen suchen.
- Agenturen und Freelancer, die Videoinhalte liefern möchten, ohne manuell zu schneiden.
- Alle, die weltweit Geld verdienen wollen – mit nichts weiter als einem Laptop oder Smartphone und KI.

Es geht hier nicht darum, viralen Ruhm zu jagen. Es geht darum, automatisierte Einkommensströme mit KI-erstellten Kurzvideos aufzubauen.

# Kapitel 1: Die Kraft von Kurzvideos

**Kurzvideos haben das Internet erobert.** Plattformen wie TikTok, YouTube Shorts und Instagram Reels dominieren heute die Online-Interaktion und geben jedem mit einem Smartphone die Chance, Millionen von Menschen zu erreichen. Was die meisten jedoch nicht wissen: **KI hat es möglich gemacht, den gesamten Prozess der Kurzvideo-Erstellung zu automatisieren.**

In diesem Kapitel zeigen wir dir:

- warum Kurzvideos so gut funktionieren
- welche Schlüsselelemente sie viral machen
- welchen Vorteil KI für Creator bietet
- woher das Geld kommt
- wie du noch heute starten kannst – auch ohne Erfahrung

## 1. Warum Kurzvideos die Aufmerksamkeit dominieren

Menschen sind beschäftigter denn je. Die durchschnittliche Aufmerksamkeitsspanne ist auf unter 8 Sekunden gesunken. Genau deshalb gewinnen Kurzvideos. Sie sind schnell, unterhaltsam und machen süchtig. Algorithmen lieben sie. Zuschauer lieben sie. Und Creator können Dutzende davon produzieren – in der Zeit, die man früher für ein einziges langes Video gebraucht hat.

**Wichtige Zahlen, die du kennen solltest:**

- TikTok hat über 1,5 Milliarden Nutzer.
- YouTube Shorts erzielen über 50 Milliarden Aufrufe pro Tag.
- 90 % der Instagram-Nutzer schauen wöchentlich Reels.

Kurzvideos sind die neue Form von Kommunikation, Unterhaltung und Marketing. Und du kannst Teil dieser Welle sein – **ohne dein Gesicht zu zeigen oder teures Equipment zu nutzen.**

## 2. Die 3 Elemente, die Kurzvideos erfolgreich machen

Jedes virale Short enthält eine Mischung aus:

- **Hook (0–3 Sekunden):** Du musst den Scroll sofort stoppen. Nutze starke Aussagen, Neugier oder auffällige Visuals.
- **Tempo (4–15 Sekunden):** Schnelle Schnitte, knackige Sätze, visuelle Übergänge und Soundeffekte.

- **Payoff (10–30 Sekunden):** Liefere die Pointe, den Tipp, den Mehrwert oder den CTA (Call-to-Action).

Mit KI kannst du einfach ein Skript oder Thema eingeben – und all das wird automatisch erzeugt.

## 3. Warum KI das Spielfeld ausgleicht

Angenommen, du willst ein Video über „3 Wege, schnell Geld zu sparen" erstellen.

Normalerweise müsstest du:

- ein Skript schreiben
- einen Voice-over aufnehmen
- Material filmen
- alles in einer Software schneiden
- Untertitel und Musik hinzufügen

Mit KI-Tools ist der gesamte Prozess in Minuten erledigt:

- ChatGPT schreibt das Skript
- ElevenLabs oder PlayHT vertont es mit realistischer KI-Stimme
- Pictory oder InVideo erstellt das Video mit B-Roll
- Opus Clip oder Wisecut schneidet lange Clips in Shorts
- CapCut oder Descript fügt Untertitel und Effekte hinzu

So kann heute jeder **10–20 Kurzvideos pro Tag produzieren** – ganz ohne vor der Kamera zu sein.

## 4. Wie Kurzvideos Geld für dich verdienen

Sobald deine Videos veröffentlicht sind, kannst du Einkommen erzielen durch:

- das YouTube-Partnerprogramm (nach 1.000 Abos + 10 Mio. Shorts-Views in 90 Tagen)
- Affiliate-Links (zu Tools, Büchern oder Produkten)
- gesponserte Inhalte
- den Verkauf digitaler Produkte oder Kurse
- Brand-Deals oder den Verkauf ganzer Kanäle

Du brauchst keine Millionen Aufrufe. Manche Creator verdienen **100–500 $ pro Tag** mit gesichtslosen, automatisierten Shorts, die auf Affiliate-Angebote oder Lead-Magnete verlinken.

## 5. Dein erster Schritt – starte mit einem Video

Du musst zuerst keine Marke aufbauen. Du musst nur dein erstes Video mit KI-Tools erstellen. Hier ist ein einfacher Workflow:

**Beispiel: Videothema – „3 KI-Tools, die dir jeden Tag Zeit sparen“**

- Nutze ChatGPT, um ein 60-Wörter-Skript zu schreiben
- Lade das Skript in ElevenLabs oder PlayHT hoch, um Audio zu erzeugen
- Verwende Pictory oder InVideo, um Visuals und Untertitel zu erstellen
- Exportiere das Video und lade es auf TikTok, Reels und YouTube Shorts hoch
- Füge eine Beschreibung mit Call-to-Action oder Affiliate-Link hinzu

Mach das 5-mal pro Woche – und beobachte, wie Reichweite und Einkommen wachsen.

## Lenas Erfolgsgeschichte

Lena war erschöpft.

Zwischen ihrem Job, der Betreuung ihrer zwei Kinder und dem Versuch, Schulden abzubauen, hatte sie wirklich keine Zeit, „einen YouTube-Kanal zu starten". Trotzdem hörte sie immer wieder, dass Menschen mit Kurzvideos Geld verdienten – sogar ohne vor der Kamera zu sein.

Eines Abends, nachdem die Kinder eingeschlafen waren, sah Lena online einen Beitrag über „gesichtslose Videos mit KI“. Skeptisch, aber neugierig, klickte sie darauf.

Das Tutorial zeigte ihr, wie man mit ChatGPT ein Skript schreibt, mit ElevenLabs eine Stimme erzeugt und mit Pictory das Video erstellt – alles in weniger als 30 Minuten. Sie beschloss, es zu versuchen.

Ihr erstes Video hieß: **3 Gewohnheiten, die dich arm machen, ohne dass du es merkst.**
Es war kurz – nur 38 Sekunden – und sie veröffentlichte es als YouTube Short.

Am nächsten Morgen schaute Lena auf ihr Handy.

**1.327 Aufrufe.**

Sie konnte es kaum glauben. Keine Kamera. Keine Schnitt-Erfahrung. Keine eigene Sprachaufnahme. Nur KI-Tools und ein paar Minuten Aufwand.

Am Ende der Woche hatten ihre fünf Shorts zusammen 8.000 Aufrufe und ein paar Klicks auf ihren Affiliate-Link. **24 Dollar verdient.**

Es wirkte nicht nach viel ... aber für Lena war es ein Zeichen.

Sie machte weiter.

Innerhalb von drei Monaten überschritt ihr Kanal die Marke von 1.000 Abonnenten. Einige Videos gingen leicht viral und brachten Affiliate-Provisionen und Werbeeinnahmen. Sie trat KI-Creator-Communities bei und verkaufte sogar ihr erstes digitales Produkt – einen Budget-Guide, den sie mit ChatGPT erstellt hatte.

Ihr früheres Ich hätte das nie geglaubt.

Heute verdient sie mit ihren gesichtslosen KI-Videos mehr als in ihrem Job – und hat die Zeitfreiheit, von der sie früher nur geträumt hat.

Alles, weil sie eine Chance ergriffen hat ... und auf **Veröffentlichen** gedrückt hat.

# Kapitel 2: KI-Tools, die du für den Start brauchst

**Videos mit KI zu erstellen ist schnell, einfach und skalierbar — aber nur, wenn du die richtigen Tools nutzt.** In diesem Kapitel zeigen wir dir die genauen KI-Plattformen, die du brauchst, was jede einzelne leistet und wie du sie zu einem reibungslosen Workflow kombinierst, um professionelle Kurzvideos zu erstellen, die verkaufen.

Du lernst:

- die **5 essenziellen Tool-Kategorien**
- **kostenlose vs. kostenpflichtige** Optionen je Kategorie
- **Workflow-Beispiele** mit diesen Tools
- die **Vor- und Nachteile** von All-in-One- vs. modularen Setups
- Tipps, wie du Tools wählst, die **zu deinem Budget und deinen Zielen** passen

Um Kurzvideos mit KI zu erstellen, brauchst du Tools aus **fünf Kernkategorien**, die jeweils eine bestimmte Rolle im Content-Erstellungsprozess übernehmen.

Zuerst benötigst du ein **Skript-Tool**, um kurze, fesselnde Videoskripte zu generieren. Tools wie **ChatGPT** und **Jasper** eignen sich dafür perfekt und liefern sofort kreative Inhalte, abgestimmt auf Thema und Tonalität.

Als Nächstes kommt die **Sprachgenerierung**. Statt deine eigene Stimme aufzunehmen, ermöglichen Plattformen wie **ElevenLabs** und **PlayHT** realistische, menschenähnliche Voice-overs mit KI — ein echter Gamechanger für gesichtslose Videos.

Die dritte Kategorie ist die **Videoerstellung**. Tools wie **InVideo**, **Pictory** und **Steve.AI** kombinieren Skript, Audio und Visuals zu einem fertigen Video. Diese Plattformen ordnen automatisch passendes Bildmaterial zur Erzählung zu und sparen dir Stunden manueller Bearbeitung.

Sobald dein Video steht, kommen **Schnitt- und Untertitel-Tools** ins Spiel. **CapCut**, **Descript** und **VEED** machen es leicht, dynamischen Text, Übergänge und Effekte hinzuzufügen — so sticht dein Content heraus und die Zuschauerbindung steigt.

Zuletzt sind **Wiederverwertungs-Tools** wie **Opus Clip** und **Wisecut** unverzichtbar, wenn du mit längeren Videos arbeitest. Diese KI-Plattformen erkennen automatisch Highlight-Momente, formatieren sie vertikal und verwandeln sie in mehrere Kurzclips für YouTube Shorts, TikTok und Reels.

Jedes dieser Tools spielt eine entscheidende Rolle beim Aufbau eines schlanken, effizienten Content-Systems. Du kannst sie entweder flexibel kombinieren oder — je nach Bedarf und Erfahrung — auf eine All-in-One-Plattform setzen.

## 2. Top kostenlose & kostenpflichtige Tools nach Kategorie

### Skript schreiben

Kostenlos: ChatGPT (Basis), Rytr

Kostenpflichtig: Jasper.ai (stärker für Marketing-Skripte)

### Sprachgenerierung

Kostenlose Tests: PlayHT, ElevenLabs

Kostenpflichtig: ElevenLabs (sehr hohe Qualität), Murf.ai (gut für Trainingsvideos)

### Videoerstellung

Kostenlos: Canva (Video-Templates), Lumen5

Kostenpflichtig: Pictory (ideal für Skript-Umwandlung), InVideo (einfache Templates)

### Schnitt & Untertitel

Kostenlos: CapCut (hervorragend mobil), DaVinci Resolve

Kostenpflichtig: Descript (KI-gestützter Schnitt), VEED (browserbasiert)

**Wiederverwertung**

Kostenlose Testphase: Opus Clip

Kostenpflichtig: Wisecut, Opus Clip (sehr gut für Clips aus Langformat-Content)

## 3. Beispiel-Workflow mit KI: 1-Minute-TikTok

Angenommen, du willst ein TikTok zu **„3 Apps, die dir täglich Zeit sparen“** erstellen. So sieht ein einfacher Workflow aus:

- **Skript:** Mit ChatGPT ein 60-Wörter-Skript erstellen
- **Voice-over:** Skript in ElevenLabs einfügen und Audio exportieren
- **Video:** Audio in Pictory hochladen und Visuals automatisch generieren lassen
- **Bearbeiten:** In CapCut kürzen, Untertitel hinzufügen und einen CTA einbauen
- **Upload:** Auf TikTok, Reels und YouTube Shorts posten

**Zeit:** unter 25 Minuten

**Kosten:** kostenlos (oder unter 10 $/Monat bei Nutzung kostenpflichtiger Tools)

## 4. Modulare Tools vs. All-in-One-Plattformen

Du hast zwei Optionen:

**Modulares Setup (ideal für Anpassung):**
Jedes Tool erledigt eine Aufgabe besonders gut. Mehr Kontrolle.

**All-in-One (ideal für Geschwindigkeit):**
Tools wie InVideo oder Canva vereinen Skript, Visuals und Voice in einer Plattform.

**Vorteile modular:**

- höhere Qualität
- mehr Flexibilität

**Nachteile:**

- etwas längerer Prozess
- ggf. 2–3 Abos nötig

**Vorteile All-in-One:**

- extrem schnell
- anfängerfreundlich

**Nachteile:**

- weniger erweiterte Funktionen

- ohne Anpassung oft generischer Output

## 5. Tool-Auswahl nach deinem Ziel

**Ziel:** Schnelle, gesichtslose YouTube Shorts
**Tools:** ChatGPT + ElevenLabs + Pictory + CapCut

**Ziel:** TikToks aus langen Videos
**Tools:** Opus Clip + CapCut + VEED

**Ziel:** Agentur- oder Kundenarbeit
**Tools:** Jasper + Murf + Descript + Canva

**Ziel:** Templates erstellen und verkaufen
**Tools:** InVideo + ChatGPT + Canva

**Tipp:** Starte mit kostenlosen Testversionen, um den Workflow zu prüfen, bevor du dich festlegst.

Nun zu **Tyrone** und seiner inspirierenden Geschichte.

Tyrone interessierte sich schon immer für Videos. Doch zwischen seinem Vollzeitjob und fehlenden Schnittkenntnissen hielt er das für unerreichbar.

Bis KI ins Spiel kam.

An einem Freitagabend setzte er sich mit einem einfachen Ziel hin: **ein gesichtsloses YouTube Short erstellen**. Er hatte gehört, dass KI inzwischen alles könne — Skripte, Voice-overs, sogar Schnitt. Glauben wollte er es erst, als er es selbst ausprobierte.

Er gab einen Prompt in ChatGPT ein:
„Schreibe ein 45-Sekunden-YouTube-Short-Skript über 3 kostenlose KI-Tools, die jeder nutzen kann."

Das Ergebnis: ein knackiges, fesselndes Skript in unter 30 Sekunden.

Dann öffnete er ElevenLabs, kopierte das Skript hinein, wählte eine ruhige männliche Stimme und klickte auf „Generieren". Fertig — realistisches Audio, sofort einsatzbereit.

Noch skeptisch lud er die Audiodatei in Pictory hoch. Die Plattform erstellte ein sauberes Video mit Stock-Footage, dynamischen Übergängen und automatisch hinzugefügten Untertiteln. Er exportierte das Video und verfeinerte es mit ein paar Wischbewegungen in CapCut auf seinem Handy.

Er sah sich das Ergebnis an. „Das sieht aus wie von einem Profi", dachte er.

Am nächsten Morgen lud er es auf YouTube Shorts hoch. Ohne Erwartungen.

In derselben Woche erreichte das Video **9.000 Aufrufe**. Die Kommentare häuften sich. Ein Nutzer fragte: „Welches Tool hast du für die Stimme benutzt? Die klingt mega!“

Tyrone antwortete — und setzte einen Affiliate-Link.

Drei Wochen später hatte er 12 weitere Videos mit demselben KI-Tool-Stack hochgeladen. Sein Kanal überschritt 500 Abos. Noch wichtiger: Er verdiente seine ersten **108 Dollar** an Affiliate-Provisionen — ausschließlich mit KI-Videos, die er weder aufgenommen noch selbst vertont hatte.

Tyrone war gepackt.

Er erstellte eine einfache Tabelle mit seinem Workflow:
**ChatGPT > ElevenLabs > Pictory > CapCut > Upload**

Er baute eine tägliche Routine darum auf. Und innerhalb von zwei Monaten brachte sein kleiner, gesichtsloser Kanal **500 $ pro Monat** an wiederkehrendem Einkommen — nur durch Aufrufe und Links.

Er erkannte etwas Entscheidendes: Er brauchte keine fancy Tools oder Vorerfahrung. Er brauchte nur die **richtigen KI-Tools** — und die Entscheidung, anzufangen.

# Kapitel 3: Skripte für Kurzvideos – Hooks, Struktur und Storytelling in 30 Sekunden

Wenn es um den Erfolg von Kurzvideos geht, ist **dein Skript das Fundament**. Egal, ob du KI-generierte Visuals oder Stock-Footage nutzt – all das ist wertlos, wenn die Worte keine Aufmerksamkeit fesseln und keinen Mehrwert liefern. Ein großartiges Kurzvideo-Skript braucht keine ausgefeilte Prosa — es braucht **Struktur, Klarheit und vor allem Tempo**. Die gesamte Botschaft muss in **15 bis 60 Sekunden**, manchmal sogar schneller, vermittelt werden. Deshalb sind ein starker **Hook**, ein prägnanter Mittelteil und ein kraftvoller **Payoff** unverzichtbar.

Alles beginnt mit dem **Hook**. Du hast nur **ein bis drei Sekunden**, um jemanden vom Scrollen abzuhalten. Die besten Hooks wecken Neugier, stellen eine kühne Behauptung auf oder versprechen sofortigen Nutzen. Formulierungen wie „Du machst das falsch“, „Das sagt dir niemand“ oder „3 Dinge, die ich früher gern gewusst hätte“ zwingen Zuschauer dazu, innezuhalten und zuzuhören. Scheitert der Hook, ist der Rest des Videos egal. KI-Tools wie ChatGPT oder Jasper helfen dir,

Dutzende Hook-Optionen zu brainstormen — zum Beispiel mit der Frage: „Gib mir 10 virale Hooks für ein Video zu [deinem Thema]."

Nach dem Hook folgt der **Hauptteil** — das Herz der Botschaft. Hier lieferst du den Mehrwert. Das können drei schnelle Tipps sein, eine Mini-Story, ein Fehler, den man vermeiden sollte, oder eine besondere Erkenntnis. **Klarheit ist entscheidend.** Nutze kurze Sätze. Sprich direkt. Vermeide Abschweifungen. Denk an jeden Satz wie an einen Schlag, der die Aufmerksamkeit hält. In KI-Begriffen kannst du ChatGPT bitten, dein Video im **3-Zeilen-Format** zu schreiben: Hook, Kernbotschaft und CTA (Call-to-Action). Du kannst es auch auf deinen Stil trainieren, etwa mit: „Klingt wie Alex Hormozi" oder „Schreib wie das Intro von MrBeast".

Zum Schluss kommt der **Payoff bzw. CTA**, der dem Zuschauer ein Gefühl von Abschluss gibt. Bei Mehrwert-Videos ist das der letzte Tipp, der alles zusammenführt. Für Monetarisierung kann es „Link in der Bio", „Hol dir den kostenlosen Guide unten" oder „Folge für mehr" sein. Ziel ist, den Zuschauer zufrieden zurückzulassen — und neugierig auf mehr. KI kann CTAs passend zu deinem Ziel generieren, egal ob Affiliate-Links, Kursverkäufe oder Follower-Wachstum.

Kurzvideo-Skripting dreht sich um **Tempo und Wiederholung**. Versuche nicht, jedes Skript zu perfektionieren. Nutze **Templates**. Eine einfache Formel wie „Hook + Tipp 1 + Tipp 2 + Tipp 3 + CTA“ funktioniert hervorragend für TikToks oder Reels. Lass dir von ChatGPT mehrere Varianten erzeugen und wähle die beste. Manche Creator gehen noch weiter und batchen **10–20 Skripte** in einer Sitzung, speisen sie in ihren KI-Video-Generator ein und planen eine ganze Woche Content an einem Tag.

Großartige Skripte müssen nicht lang sein. Ein **30-Sekunden-Video** kommt oft mit **50–70 Wörtern** aus. Die eigentliche Kunst liegt darin, Worte zu wählen, die mehr Wirkung haben als ihre Länge vermuten lässt. Nutze aktive Verben, klare Aussagen und alltagsnahe Sprache. Sag lieber „Spare 3 Stunden pro Tag mit diesem Trick“ statt „Das könnte hilfreich sein, um dein Zeitmanagement zu verbessern“. **Mutig, konkret und schnell** – so muss es sein. Kombinierst du diese Skriptformel mit KI-Stimmen und Auto-Untertiteln, kannst du täglich mühelos starken Content produzieren.

### Samanthas Geschichte

Samantha hörte schon immer, sie habe „eine gute Stimme fürs Radio“, aber Videos zu machen kam ihr nie in den Sinn. Sie war kein Technikprofi. Sie hatte keine Kamera und kein teures Licht. Sie mochte es einfach, ihren Freunden Lifehacks zu erzählen. Dann sah sie eines Tages beim Scrollen auf TikTok ein kurzes Video mit dem Titel: „3 Anzeichen, dass du Geld verschwendest, ohne es zu merken." Es war ein gesichtsloses Video mit Text auf dem Bildschirm und einer KI-Stimme – und hatte **über 1,4 Millionen Aufrufe**.

Das war ihr Aha-Moment. „Das kann ich auch", dachte sie. Noch am selben Abend öffnete sie ihren Laptop, startete ChatGPT und tippte: „Schreibe ein 3-teiliges Kurzvideo-Skript über 3 Wege, besser zu budgetieren." In weniger als 10 Sekunden erhielt sie ein vollständiges Skript mit einem starken Hook: „Wenn du bis zum 15. des Monats pleite bist, schau dir das an." Treffend, echt – genau ihr Stil. Sie kopierte es, erzeugte mit ElevenLabs ein Voice-over und ließ mit Pictory die Visuals erstellen. So entstand ihr erstes Video.

Sie postete es auf Instagram Reels und ging schlafen. Am nächsten Morgen hatte es **2.100 Aufrufe**. Nicht viral, aber mehr als erwartet. Sie blieb dran. Ihre neue Formel: **Hook + 3 Tipps + CTA**. „Wenn du ständig müde bist, probier das", gefolgt von drei schnellen Lifestyle-Hacks. „Wenn dein Kreditscore mies ist, so gehst du vor", mit ihren Lieblings-Apps. Mit jedem Post testete sie verschiedene CTAs:

„Folge für mehr", „Schreib mir für den Guide", „Link in der Bio".

Nach ein paar Wochen hatte sie eine Community. Nicht riesig, aber engagiert. Einige Videos knackten **10.000 Aufrufe**. Sie begann, Affiliate-Einnahmen mit den Budget-Tools aus ihrer Bio zu verdienen. Und sie liebte den kreativen Prozess. Es ging nicht um Perfektion — sondern darum, ihre Botschaft in **30 Sekunden** rüberzubringen. ChatGPT nutzte sie nun täglich — nicht weil sie nicht schreiben konnte, sondern weil es ihr schnelleres Brainstorming ermöglichte und Zeit für Ideen freimachte.

Eines Tages sah sie in ihrem Dashboard: **217 € in einer Woche** — nur mit ein paar Kurzvideos. Fast ihre Stromrechnung. Alles aus Skripten, die sie in Minuten mit KI erstellt hatte. Samantha war keine Filmemacherin. Keine Influencerin. Sie war eine echte Person mit echten Tipps — und hatte nun ein wachsendes digitales Einkommen, aufgebaut auf kurzen, einfachen Skripten, die treffen und Menschen zurückkommen lassen.

# Kapitel 4: Gesichtslose Videos mit KI erstellen – keine Kamera, kein Problem

Einer der mächtigsten Aspekte der KI-Videoerstellung ist die Möglichkeit, **überzeugende Inhalte zu produzieren, ohne jemals dein Gesicht zu zeigen**. Das ist ein absoluter Gamechanger für Creator, die Wert auf Privatsphäre legen, kamerascheu sind oder ihre Content-Produktion einfach schneller skalieren wollen. Da KI-Tools heute Skripte, Voice-overs, Videomaterial und sogar Avatare generieren können, sind die klassischen Einstiegshürden praktisch verschwunden. In diesem Kapitel lernst du, wie du hochwertige **gesichtslose Videos** mit nichts weiter als einem Laptop oder Smartphone und einem smarten Workflow erstellst.

Der erste Schritt ist, die **Struktur eines gesichtslosen Videos** zu verstehen. Die meisten folgen einem einfachen Ablauf: ein Hook (mit Text oder Voice-over), eine Abfolge visuell ansprechender Clips oder Animationen, die deine Botschaft unterstützen, und ein Call-to-Action. Anstelle deines eigenen Gesichts nutzt du Stock-Footage, animierte Charaktere, On-Screen-Text oder passendes B-Roll-Material zu deinem Skript. Plattformen wie **Pictory**, **InVideo** und **Lumen5** machen diesen Prozess extrem einfach. Du lädst ein Skript oder eine Audiodatei hoch, und die Plattform wählt automatisch passende Visuals, Übergänge und Animationen aus.

Der nächste Schlüsselbaustein ist das **Voice-over**. Du musst dein Video nicht selbst vertonen – Tools wie **ElevenLabs**, **PlayHT** oder **Murf** erzeugen realistische KI-Stimmen in verschiedenen Tonlagen, Akzenten und Sprachen. Alles, was du tun musst, ist dein Skript einzufügen, eine Stimme auszuwählen und das Audio zu exportieren. Diese Voice-overs kannst du anschließend mit wenigen Klicks in dein Video integrieren. In **Pictory** zum Beispiel lädst du das Voice-over hoch, und die Plattform synchronisiert die Visuals automatisch mit der Erzählung – nahtlos und effizient.

Um die Aufmerksamkeit der Zuschauer zu halten, solltest du außerdem **Untertitel und dynamischen Text** hinzufügen. Die meisten Menschen schauen Kurzvideos ohne Ton, besonders auf dem Smartphone. Tools wie **CapCut**, **Descript** und **VEED** transkribieren dein Video automatisch und fügen animierte Untertitel hinzu, was die Wiedergabedauer und das Engagement deutlich erhöht. **CapCut** ist dabei besonders beliebt, weil es mobilfreundlich ist und Templates bietet, die von Top-Creatorn inspiriert sind. Wenn du eine Plattform wie

**InVideo** nutzt, kannst du Schriftarten, Animationen und Timing individuell anpassen, um den Content visuell spannend zu halten.

Das Geheimnis erfolgreicher gesichtsloser Videos ist **Storytelling mit Bildern**. Du legst nicht einfach Stock-Footage auf eine Timeline — du gestaltest eine visuelle Reise, die Emotion und Ton deines Skripts widerspiegelt. Ist dein Video motivierend, nutze aufbauende Musik und aktive Visuals wie Sonnenaufgänge, laufende Menschen oder lächelnde Gesichter. Geht es um Finanzen, zeige Clips von Tabellen, Kreditkarten oder Geldscheinen. Die Bilder sollen die Botschaft verstärken, auch ohne eine Person im Bild. Du kannst KI-Tools gezielt steuern, indem du Keywords anpasst oder Clips manuell austauschst, um die Geschichte klarer zu erzählen.

Zum Schluss ist dein gesichtsloses Video **bereit zur Veröffentlichung**. Exportiere es im vertikalen Format (9:16) für TikTok, Reels und Shorts. Achte darauf, dass dein Video zwischen **15 und 60 Sekunden** lang ist, On-Screen-Text enthält und mit einem klaren CTA endet. Aus einem einzigen Skript kannst du dein Video auf drei oder mehr Plattformen wiederverwenden und so deine Reichweite vervielfachen — ohne zusätzliche Arbeit. Je öfter du diesen Prozess durchläufst, desto schneller wirst du. Mit der Zeit kannst du

**5–10 professionelle gesichtslose Videos pro Tag** erstellen, die Zuschauer in Follower, Kunden oder Provisionen verwandeln.

## Diegos Geschichte

Diego bewunderte schon immer Creator, die selbstbewusst vor der Kamera sprechen konnten — aber er wusste, dass das nichts für ihn war. Er mochte sein Aussehen auf Video nicht, hasste es, sich selbst aufzunehmen, und verzog jedes Mal das Gesicht, wenn er seine eigene Stimme hörte. Jahrelang hielt ihn diese Unsicherheit davon ab, überhaupt eine Online-Präsenz aufzubauen. Doch alles änderte sich, als er entdeckte, dass er **gesichtslose Videos mit KI** erstellen konnte.

Alles begann, als er zufällig auf einen YouTube-Kanal mit über **300.000 Abonnenten** stieß. Jedes Video war kurz, gesichtslos und seltsam hypnotisch. Text schwebte über den Bildschirm. Stock-Footage lief im Hintergrund. Eine ruhige, fast robotische Stimme vermittelte kraftvolle Botschaften. Diego recherchierte weiter und fand heraus, dass der Creator Tools wie **ElevenLabs** und **Pictory** nutzte. „Moment mal ... das könnte ich auch“, dachte er. Noch in derselben Nacht probierte er es aus.

Er öffnete ChatGPT und bat um ein **45-Sekunden-Motivationsskript** darüber, nicht aufzugeben. Das Ergebnis war klar und wirkungsvoll. Er kopierte das Skript in ElevenLabs, wählte eine warme, selbstbewusste männliche Stimme und exportierte das Audio. Anschließend lud er das Voice-over in Pictory hoch, fügte das Skript hinzu und ließ die KI den Rest erledigen. Innerhalb weniger Minuten war ein Video entstanden — mit Sonnenaufgängen, Menschen beim Bergsteigen und kräftigen Texteinblendungen. Er passte ein paar Visuals an und exportierte den finalen Schnitt.

Nervös, aber aufgeregt veröffentlichte Diego das Video auf **YouTube Shorts** und **Instagram Reels**. Es fühlte sich seltsam an — er war selbst gar nicht zu sehen. Doch am nächsten Morgen hatte das Video **über 3.000 Aufrufe**. In den Kommentaren stand: „Das habe ich heute gebraucht“ und „Für später gespeichert“. Das traf ihn. Er musste nicht sichtbar sein, um etwas zu bewirken. Er musste nur eine Botschaft teilen — und die Tools den Rest erledigen lassen.

Diego baute sich ein **System** auf. Jede Woche schrieb er zehn Skripte mit ChatGPT. Er vertonte sie mit ElevenLabs. Er erstellte Videos mit Pictory und bearbeitete sie mit CapCut. Er plante sie gesammelt über Meta Business Suite und YouTube Studio. Innerhalb von zwei Monaten hatte er **über 40**

**gesichtslose Videos** veröffentlicht — drei davon gingen halb viral. Eines erreichte 80.000 Aufrufe. Ein anderes wurde von einer großen Seite geteilt. Seine Affiliate-Links begannen Geld einzubringen — zunächst wenig, aber stetig wachsend.

Am meisten überraschte ihn jedoch nicht das Einkommen, sondern das **Selbstvertrauen**, das er gewann. Er fühlte sich nicht länger wie ein Außenseiter in der Content-Welt. KI hatte ihm eine Stimme gegeben — **ohne die Angst vor der Kamera**. Und nun baute er eine gesichtslose Marke auf, die Tausende inspirierte — Video für Video, vollständig mit KI erstellt.

# Kapitel 5: Ein Video mit KI in 10+ Shorts verwandeln (von Langformat zu viralen Clips)

Das Erstellen leistungsstarker Kurzvideos aus Langformat-Content ist eine der **effizientesten und skalierbarsten Methoden**, um Reichweite aufzubauen, Traffic zu generieren und online zu monetarisieren. Anstatt ständig neuen Content zu filmen, zeichnen clevere Creator heute **ein einziges Langformat-Video** auf – etwa einen Podcast, ein Webinar, ein Tutorial oder einen Vlog – und nutzen KI-Tools, um daraus **automatisch Dutzende kurze, fesselnde Clips** zu erzeugen. Dieser Ansatz spart Zeit, vervielfacht deine Reichweite und ermöglicht dir den Aufbau einer Content-Bibliothek, die **24/7 für dich arbeitet**.

Im Zentrum dieser Strategie stehen **KI-gestützte Wiederverwertungs-Tools**. Plattformen wie **Opus Clip**, **Wisecut** und **Vidyo.ai** analysieren lange Videos und extrahieren die überzeugendsten Momente anhand von Inhalt, Tonalität, Mimik, Engagement-Signalen und sogar Keywords. Diese Tools zerlegen dein Video in mundgerechte Clips, schneiden sie automatisch ins vertikale Format und fügen dynamische Untertitel, Emojis und Übergänge hinzu – **ganz ohne manuelle Bearbeitung**. Du lädst dein Langformat-Video hoch und erhältst innerhalb weniger Minuten **10, 20 oder mehr** veröffentlichungsfertige Shorts.

Dieser Workflow ist eine **Goldgrube** für Kursanbieter, YouTuber, Podcaster, Coaches und Unternehmer, die bereits Langformat-Videos auf ihren Festplatten liegen haben. Stell dir vor, du nimmst eine **30-minütige Zoom-Aufzeichnung** und verwandelst sie in **15 hochwertige Reels oder TikToks** in weniger als einer Stunde. Jedes Kurzvideo kann Zuschauer zurück zu deinem vollständigen Content, deiner E-Mail-Liste, deiner Produktseite oder deinem YouTube-Kanal führen. Und weil Kurzvideos von den Algorithmen auf Instagram, YouTube und TikTok bevorzugt werden, erhältst du **maximale Sichtbarkeit bei minimalem Aufwand**.

Um zu starten, wähle ein Langformat-Video mit wertvollen Momenten – etwa Stories, Tipps, klare Meinungen oder Insights. Lade es in ein Tool wie **Opus Clip** hoch. Die KI erkennt automatisch Hook-würdige Passagen, analysiert die Sprache und schneidet den Content in vertikale Shorts inklusive Untertiteln und Schnitten. Anschließend kannst du die Clips sichten, unpassende entfernen und die passenden herunterladen. Plane sie plattformübergreifend ein – jeweils mit individuellem Titel, Beschreibung und **CTA**, der auf dein Angebot oder das Hauptvideo verweist.

**Konsistenz ist der Schlüssel.** Viele Creator etablieren ein System: Sie nehmen **ein 20- bis 60-minütiges Video pro Woche** auf und lassen die KI daraus täglichen Kurzcontent erstellen. Du kannst diese Strategie auch mit **Batching** kombinieren. Zum Beispiel nimmst du an einem Tag **vier Langformat-Videos** auf und erzeugst daraus **50+ Kurzvideos** für den gesamten Monat. Wenn du Interviews führst, FAQs beantwortest oder live präsentierst — alles wird zu Rohmaterial für Shorts, die deine Marke und dein Business kontinuierlich stärken.

Das Beste daran? Du musst **kein Vollzeit-YouTuber oder Influencer** sein, damit das funktioniert. Egal ob du als Coach Leads generieren willst, als Affiliate Markentools bewirbst oder als Educator Autorität aufbaust — **KI-gestützte Wiederverwertung** maximiert jeden Content, den du erstellst. **Ein gutes Video** wird zu einem ganzen Content-Ökosystem — und mit den richtigen Tools ist das **vollständig automatisiert**.

## Die Geschichte von Mayas neuem Short-Business

Maya betrieb einen kleinen YouTube-Kanal zur Finanzbildung. Wöchentlich lud sie Videos hoch, in denen sie erklärte, wie man Geld managt, Kredit aufbaut und Schuldenfallen vermeidet. Ihre Tutorials waren klar und hilfreich, doch die Aufrufe wuchsen langsam. Ein Video erreichte vielleicht **300–400 Aufrufe**, gelegentlich **1.000**. Trotzdem hatte sie das Gefühl, dass ihre Botschaft die Menschen nicht erreichte, die sie am meisten brauchten.

Eines Tages schrieb ihr ein anderer Creator: „Du solltest daraus Shorts machen. Du sitzt auf einer Goldmine." Maya zögerte. „Ich habe keine Zeit, all meine Videos zu zerschneiden", antwortete sie. Da stellte ihr Freund **Opus Clip** vor – ein KI-Tool, das ihre Langvideos automatisch in kurze Clips mit Untertiteln, Übergängen und prägnanten Schnitten verwandeln konnte. Maya beschloss, es zu testen.

Sie lud eines ihrer älteren Videos hoch – ein **22-minütiges Tutorial** zum Wiederaufbau von Kredit nach einem finanziellen Rückschlag. Innerhalb weniger Minuten lieferte Opus Clip **13 Kurzvideos**. Jedes war **30–60 Sekunden** lang, bereits vertikal formatiert, mit fetten Untertiteln und hervorgehobenem Text, synchron zu ihrer Stimme. Sie musste kaum eingreifen. Sie wählte ihre **Top 8 Clips**, lud sie auf

**TikTok**, **YouTube Shorts** und **Instagram Reels** hoch und fügte einen CTA hinzu, der auf ihr Langformat-Video verwies.

Am Ende der Woche hatten **drei** dieser Shorts **über 5.000 Aufrufe** erreicht. Eines schaffte **18.000**. Die Kommentare rollten rein — „Das habe ich heute gebraucht", „Hast du mehr Videos dazu?" und „Abonniert!" Maya konnte es kaum glauben. Content, den sie bereits erstellt hatte — den sie für erledigt hielt — arbeitete nun dank KI **härter als je zuvor**.

Motiviert lud sie weitere Langvideos in Opus Clip hoch. Eine **40-minütige Q&A-Session** wurde zu **22 Shorts**. Eine Podcast-Folge zu **19 Reels**. Plötzlich veröffentlichte sie **jeden Tag Content**, ohne etwas Neues aufzunehmen. Ihre E-Mail-Liste wuchs. Affiliate-Einnahmen **verdoppelten sich**. Und YouTube **schaltete endlich die Monetarisierung frei**.

Was früher **5–6 Stunden pro Woche** dauerte, benötigte nun **90 Minuten**. Ihre Zeit investierte sie in den Austausch mit der Community, den Aufbau eines Kurses und die Optimierung ihrer Lead-Magnete. Währenddessen brachten ihre KI-geschnittenen Shorts **rund um die Uhr** neue Zuschauer. Maya wechselte von überfordert und kaum gesehen zu **automatisiert und weit sichtbar** — einfach, indem sie Bestehendes wiederverwertete, mit Hilfe smarter KI-Tools.

# Kapitel 6: Deine Videos monetarisieren – Affiliate-Links, Werbeeinnahmen, Produkte und mehr

Videos zu erstellen ist spannend — **doch echtes Potenzial entsteht erst, wenn aus Videos Einkommen wird**. Dank KI-Tools und Kurzvideo-Plattformen ist Monetarisierung heute nicht mehr nur Influencern mit Millionen von Followern vorbehalten. Selbst kleine Creator können **stetige Einnahmen aus mehreren Quellen** erzielen — oft mit Videos, deren Erstellung weniger als eine Stunde gedauert hat. Dieses Kapitel zeigt dir, wie du deine **KI-generierten Inhalte effektiv monetarisierst**: mit Affiliate-Marketing, Werbeeinnahmen, Produktverkäufen, Sponsorings und Lead-Generierung.

Eine der **schnellsten Möglichkeiten**, Geld zu verdienen, ist **Affiliate-Marketing**. Dabei empfiehlst du in deinem Video ein Produkt oder Tool, und wenn jemand über deinen persönlichen Link kauft, erhältst du eine Provision. Kurzvideos eignen sich perfekt, um schnell Traffic zu erzeugen. Plattformen wie TikTok und Instagram erlauben es, deinen Affiliate-Link in der Bio oder über Linktree zu platzieren. Du beendest das Video einfach mit einem CTA wie „Link in der Bio testen“ oder „Hol dir den kostenlosen Guide unten“. Geht es in deinem Video z. B. darum, mit KI Zeit zu sparen, kannst du auf ein KI-Tool mit Partnerprogramm verlinken — und **bei jeder Anmeldung verdienen**.

Auch **YouTube Shorts** bieten Monetarisierung über das **YouTube-Partnerprogramm (YPP)**. Die Voraussetzungen unterscheiden sich vom Langformat: Wer **10 Millionen Shorts-Aufrufe innerhalb von 90 Tagen** erreicht und die Abo-Schwelle erfüllt, kann Werbeeinnahmen erhalten. Die Auszahlung pro Aufruf ist zwar geringer als bei langen Videos, doch die **Masse** macht es wett. Zusätzlich gibt es Boni, Creator-Funds und Shopping-Features für berechtigte Shorts-Creator. Mit konsequentem Batch-Erstellen und regelmäßigem Posten kann selbst ein kleiner Kanal diese Einnahmequellen **in wenigen Monaten** freischalten.

**Digitale Produkte** sind eine weitere lukrative Option. Denk an E-Books, Templates, Kurse oder Swipe-Files — alles lässt sich mit KI schnell erstellen. Die Strategie ist simpel: Teile im Video **einen Tipp** aus deinem Produkt und leite die Zuschauer zu einem Lead-Magneten oder einer Verkaufsseite weiter. Ein Video mit dem Titel „3 KI-Tools, die mir letzten Monat 20 Stunden gespart haben“ könnte z. B. auf ein **9-€-Produktivitätspaket** verlinken, erstellt mit ChatGPT.

Du bekommst Sichtbarkeit durch das Video und Umsatz durch dein Produkt – **ohne Lager- oder Versandkosten**.

Auch **Sponsorings** werden für gesichtslose Creator immer zugänglicher. Marken erkennen zunehmend: Es geht nicht um das Gesicht, sondern um **Zielgruppe und Engagement**. Erreichen deine Kurzvideos konstant eine Nische (z. B. Tech-Nutzer, Studierende, Freelancer oder Kleinunternehmer), zahlen Unternehmen für eine Erwähnung ihres Produkts. Du kannst Marken direkt anschreiben, deine Preise auf Plattformen wie Passionfroot oder Beacons listen oder im Video einen Hinweis platzieren wie „Gesponsert von [Marke]“. Mit wachsendem Videokatalog wachsen auch deine Chancen.

Unterschätze zuletzt nicht die **Lead-Generierung**. Bietest du eine Dienstleistung an – Coaching, Beratung, Freelancing oder einen Newsletter – können deine Videos Zuschauer direkt in dein Business leiten. Ein Video über „3 Fehler, die neue Investoren machen“ kann auf eine **kostenlose PDF-Checkliste** verlinken, die E-Mail-Adressen sammelt. Diese Liste nutzt du später für den Verkauf von Kursen, Büchern oder höherpreisigen Angeboten. Mit KI für Videoproduktion und Landingpages lässt sich dein **gesamter Funnel automatisieren und skalieren**.

Die erfolgreichsten Creator **kombinieren zwei oder mehr Strategien**: kurzfristig Affiliate-Links, mittelfristig digitale Produkte und langfristig den Aufbau einer E-Mail-Liste. Das Geheimnis sind **Konsistenz und Optimierung**. Analysiere, welche Videos am besten performen, welche CTAs geklickt werden und wo Zuschauer abspringen. Verdopple, was funktioniert — und sieh zu, wie dein Video-Content sich in eine **profitabel arbeitende Einkommensmaschine** verwandelt, angetrieben von KI.

## Elijahs 17-€-Mini-Kurs

Elijah war kein Neuling im Content-Creation-Bereich. Er hatte Podcasting ausprobiert, gebloggt und sogar einen kleinen YouTube-Kanal betrieben — doch nichts brachte **konstantes Einkommen**. Es fühlte sich immer nach viel Arbeit mit wenig Ertrag an. Das änderte sich, als er ein Video eines Creators sah, der erwähnte, **über 1.000 € pro Monat** allein mit Affiliate-Links in Kurzvideos zu verdienen. Neugierig beschloss Elijah, es ernsthaft zu versuchen. Da er nicht vor die Kamera wollte, setzte er auf KI.

Mit ChatGPT schrieb er **10 kurze Skripte** über Budgetierung und Sparen. Er vertonte sie mit ElevenLabs, erstellte Videos mit Pictory und schnitt sie in CapCut. Anschließend postete er

**ein Short pro Tag** auf TikTok, Instagram Reels und YouTube Shorts. Am Ende jedes Videos setzte er einen CTA: „Hol dir meine kostenlose Budget-Checkliste – Link in der Bio." Diese Checkliste führte zu einer Landingpage mit Affiliate-Angeboten: Budget-Apps, Kredit-Tools und Finanzkurse.

In den ersten zwei Wochen passierte kaum etwas. Ein paar Aufrufe hier und da. Dann ging eines seiner Videos – **„Wie du 300 € im Monat verschwendest, ohne es zu merken"** – auf Instagram Reels auf **40.000 Aufrufe**. Seine E-Mail-Liste wuchs in drei Tagen um **218 Abonnenten**. Sein Affiliate-Dashboard zeigte **94 € Provisionen**. Kein lebensverändernder Betrag, aber der Beweis, dass das System funktioniert. Dieses Video, in **25 Minuten mit KI** erstellt, generierte nun täglich Klicks und passives Einkommen.

Motiviert erstellte Elijah einen **17-€-Mini-Kurs** zum Thema Budgetierung für Anfänger – komplett von ChatGPT geschrieben und mit seiner KI-Stimme vertont. Er verlinkte ihn in seiner E-Mail-Willkommenssequenz und sah erste Verkäufe. **17 € hier, 17 € dort**. Eines Morgens wachte er mit **drei Verkäufen hintereinander** und **51 €** auf seinem Stripe-Konto auf. Kurz darauf kam ein Sponsoring dazu – eine Budget-App zahlte **150 €**, damit er ihr Tool in fünf Videos erwähnte. All das entstand aus einer **gesichtslosen Videoreihe**, die weniger als zwei Monate zuvor gestartet war.

Am meisten überraschte Elijah, wie **wiederholbar** der Prozess geworden war. Sein System war simpel: **Batchen, planen, funneln**. Ein langer Samstagnachmittag für Schreiben und Schneiden lieferte **einen ganzen Monat monetarisierten Content**. Er jagte nicht länger Followern hinterher – er baute **Assets** auf: Kurzvideos, die dauerhaft online bleiben und **24/7 verkaufen**.

Er musste nicht viral gehen. Er brauchte nur **Konstanz**. Zehn Aufrufe wurden zu 100. Ein Verkauf zu Dutzenden. Schließlich überschritt er **1.000 Abonnenten** auf YouTube und qualifizierte sich für die Monetarisierung. Seine E-Mail-Liste wuchs auf **über 1.500 Personen**. Und sein Video-Funnel – aufgebaut mit KI-Tools und einer einfachen Content-Strategie – generierte nun **mehr Einkommen als all seine früheren Projekte zusammen**.

# Kapitel 7: Dein Video-Business skalieren – Batching, Planung und automatisiertes Wachstum mit KI

Ein paar Videos zu erstellen ist das eine — **ein nachhaltiges Video-Einkommenssystem aufzubauen erfordert jedoch Prozesse**. Wenn du täglich stundenlang Content produzierst, brennst du früher oder später aus. Genau deshalb erstellen die erfolgreichsten KI-Creator nicht einfach nur Videos — sie **batchen**, **planen** und **automatisieren** ihre gesamte Content-Operation mit smarten Tools. Dieses Kapitel zeigt dir, wie du deinen Video-Erstellungsprozess in eine **schlanke Maschine** verwandelst, die für dich arbeitet — und nicht umgekehrt.

Die erste Säule der Skalierung ist **Batching**. Statt Videos einzeln zu produzieren, blockierst du dir jede Woche ein paar Stunden, um Content **in großen Mengen** zu erstellen. Das bringt dich in einen kreativen Flow, reduziert Kontextwechsel und spart enorm Zeit. Zum Beispiel könntest du montags **10 Skripte** mit ChatGPT schreiben, dienstags **10 Voice-overs** mit ElevenLabs erstellen, mittwochs **10 Videos** mit Pictory oder InVideo produzieren und sie bis Donnerstag mit CapCut oder VEED finalisieren und einplanen. Innerhalb einer Woche hast du so **einen ganzen Monat täglichen Content** fertig — ganz ohne Last-Minute-Stress.

Als Nächstes kommt die **Planung (Scheduling)**. Sobald deine Videos erstellt und untertitelt sind, musst du sie **konsequent veröffentlichen**. Tägliches manuelles Posten kostet Zeit, deshalb solltest du Planungstools nutzen. Für Instagram- und Facebook-Reels eignet sich die **Meta Business Suite**. Für YouTube Shorts nutzt du den nativen Planer in **YouTube Studio**. TikTok bietet ebenfalls Planung über den Desktop-Uploader oder Tools wie **Metricool** und **Buffer**. Mit diesen Tools kannst du Veröffentlichungsdaten festlegen, Beschreibungen und Hashtags hinzufügen und sogar die Performance überwachen — alles in einem Dashboard.

**Automatisierung** ist die nächste Stufe. Mit **Make.com** oder **Zapier** verbindest du deine Video-Ordner, Transkriptions-Tools und Social-Plattformen zu einer vollständig automatisierten Pipeline. Zum Beispiel kannst du eine Automation einrichten, bei der das Hochladen eines Videos in Google Drive einen Workflow auslöst: Das Video wird an deinen Scheduler gesendet, die passenden Hashtags aus einer Tabelle hinzugefügt und dein **Notion-Content-Kalender** aktualisiert. Du kannst sogar KI-Tools nutzen, die tägliche Captions oder CTA-Vorschläge generieren — das reduziert Entscheidungsstress und beschleunigt die Veröffentlichung.

**Wiederverwertung** ist eine weitere Schlüsselstrategie für Skalierung. Jedes Video, das du erstellst, sollte **mindestens dreifach** genutzt werden. Ein YouTube Short wird zu einem TikTok, einem Instagram Reel und einem Pinterest Idea Pin. Das Audio wird zum Podcast. Das Skript wird zu einer Zitatgrafik oder einem Karussell-Post. Tools wie **Repurpose.io**, **Canva** und **ContentFries** helfen dir, ein einzelnes Content-Stück mit minimalem Aufwand in **fünf oder mehr Formate** zu verwandeln. Mit diesem System bist du nicht mehr nur Creator — du betreibst eine **Content-Maschine**.

Zum Schluss: **Baue ein Dashboard**, um deine Content-Operation zu steuern. Ob **Notion**, **Trello** oder **Airtable** — tracke Ideen, Produktionsstatus, Veröffentlichungspläne und Performance-Kennzahlen. Markiere Videos nach Thema, beobachte, welche am besten konvertieren, und nutze diese Daten zur Optimierung. So triffst du bessere Entscheidungen darüber, **welcher Content skaliert** — und wo dein Einkommen tatsächlich entsteht.

Das Ziel ist nicht, mehr zu erstellen — sondern **smarter zu erstellen**. Batching, Planung und Automatisierung erlauben dir, **täglich zu veröffentlichen und trotzdem nur wöchentlich zu arbeiten**. Das schafft Freiraum für das Testen von Angeboten, Produkt-Launches oder sogar neue Kanäle. Mit dem richtigen System wird dein Video-Business zu einem **Hands-off-Motor**, der wächst – egal ob du gerade arbeitest oder nicht.

## Jasmines Autopilot-System

Jasmine erstellte seit drei Monaten durchgehend Kurzvideos. Anfangs liebte sie den Prozess – Ideen brainstormen, Skripte schreiben und sie mit KI-Tools zum Leben erwecken. Doch irgendwann wurde es überwältigend. Sie postete täglich, schnitt bis spät in die Nacht und hinkte ständig hinterher. Die Ergebnisse wuchsen – **ihre Energie nicht**. Es musste sich etwas ändern.

Eines Morgens hörte sie in einem Podcast über Produktivität einen Satz, der hängen blieb: **„Du musst nicht härter arbeiten – du musst systematisieren."** Das war ihr Wendepunkt. Jasmine beschloss, ihren Video-Content nicht länger als täglichen Hustle zu behandeln, sondern als **Business**. Sie setzte sich hin und erstellte einen neuen Wochenplan: Montag Skripte, Dienstag Voice-overs, Mittwoch

Videoproduktion, Donnerstag Feinschliff, Freitag Pause oder Puffer. Alles wurde geplant, gebatcht und automatisiert.

Sie nutzte ChatGPT, um **10 Skripte in einer Sitzung** zu schreiben. Mit ElevenLabs verwandelte sie diese in Minuten in professionelle Voice-overs. Mittwochs lud sie die Audios in Pictory hoch, ließ die Videos generieren und exportierte alles in einen Google-Drive-Ordner. In CapCut fügte sie Untertitel und letzte Anpassungen hinzu. Bis Donnerstag war ihr Content fertig. Sie plante die Posts mit der **Meta Business Suite** für Instagram und Facebook sowie mit **YouTube Studio** für Shorts. Die TikToks wurden über ein Planungstool hochgeladen. Jede Woche liefen nun **10–15 Videos im Autopilot** — während sie an ihrer Strategie arbeitete.

Die Ergebnisse explodierten. Ohne den täglichen Produktionsdruck wurden ihre Videos fokussierter und ansprechender. Sie hatte Zeit, Hooks zu testen, Daten zu analysieren und nachzujustieren. Sie erstellte ein **Notion-Board**, um ihre Content-Pipeline zu verfolgen — von der Idee bis zur Veröffentlichung. Jedes Video wurde nach Nische, Plattform und CTA markiert. Schnell erkannte sie, dass Videos mit **Listen-Titeln** und **Affiliate-Angeboten** am besten konvertierten. Diese eine Erkenntnis **verdoppelte ihre monatlichen Provisionen**.

Mit dem Wachstum ihres Contents wuchs auch ihr Selbstvertrauen. Jasmine startete einen **zweiten gesichtslosen Kanal** in einer anderen Nische. Sie übernahm ihr Batching-System, duplizierte die Automationen mit Make.com und lagerte Captions mithilfe von KI aus. Was sich früher wie Hustle angefühlt hatte, lief nun wie eine Maschine. Ihre Reichweite wuchs in den **Zehntausenderbereich**. Die Verkäufe ihrer digitalen Produkte stiegen. Und sie hatte endlich Zeit zum Durchatmen — im Wissen, dass ihr Content-Business **mit Systemen skaliert, nicht mit Stress**.

# Kapitel 8: Eine gesichtslose Marke aufbauen, die Bestand hat – Langlebigkeit, Vertrauen und Community ohne dein Gesicht zu zeigen

Viele Menschen glauben, man müsse sein Gesicht zeigen, um online Vertrauen aufzubauen. **Das stimmt heute nicht mehr.** Dank moderner KI-Tools, Sprachgenerierung, avatarbasiertem Storytelling und gesichtslosem Content bauen Tausende Creator **starke, profitable Marken auf — ganz ohne jemals vor die Kamera zu treten**. Der Schlüssel ist nicht dein Gesicht, sondern **Konsistenz, Mehrwert und Persönlichkeit**, die du über deine Inhalte vermittelst. In diesem Kapitel erfährst du, wie du eine **gesichtslose Marke** aufbaust, die Vertrauen schafft, Follower anzieht und langfristige Wirkung erzielt.

Zunächst ist wichtig zu verstehen, dass **Branding weit über Visuals hinausgeht**. Eine starke Marke basiert auf einer wiedererkennbaren Stimme, einer klaren Botschaft und konstantem Mehrwert. Egal, ob dein Content mit KI-Stimmen vertont wird oder ausschließlich aus Text und Visuals besteht — dein Publikum erkennt mit der Zeit **Tonfall, Format und**

**Themen**. Diese Wiedererkennung schafft Vertrautheit – und **Vertrautheit schafft Vertrauen**. Wenn jedes Video einem klaren Muster folgt, ein konkretes Problem löst und ein eindeutiges Versprechen einhält, kommen Menschen zurück – auch ohne je dein Gesicht zu sehen.

Um das zu erreichen, wähle eine **klare Nische** und bleib bei einer **Kernbotschaft**. Hilfst du Menschen beim Sparen, sollte jedes Video darauf einzahlen. Geht es um Produktivität oder Motivation, entwickle einen wiedererkennbaren Einstieg. Deine Videos könnten zum Beispiel immer mit einer Frage beginnen wie „Kämpfst du mit ...?“ oder mit einer Aussage wie „Das hätte ich gern mit 22 gewusst“. **Konsistenz** bei Hooks, Struktur, Voice-over-Ton und Design (Schriftarten, Untertitel, Emojis oder Hintergrundmusik) stärkt deine Markenidentität. Menschen erkennen deinen Content im Feed – **und das ist mächtig**, selbst ohne Gesicht.

Eine weitere starke Strategie ist die Nutzung eines **gesichtslosen Maskottchens, Logos oder Themas** als Repräsentation deiner Marke. Das kann ein Cartoon-Avatar, ein animiertes Symbol oder eine wiederkehrende Stock-Figur sein. Tools wie **D-ID**, **Synthesia** und **Animaker** ermöglichen sprechende Avatare, die über Zeit eine visuelle Markenidentität aufbauen. Zusätzlich kannst du Autorität durch **Wiederholung** stärken – indem du in jedem

Content-Stück deine Website, dein E-Book, dein Produkt oder deinen Slogan erwähnst. Mit der Zeit verbindet dein Publikum diese Identität mit **Hilfsbereitschaft, Verlässlichkeit oder Unterhaltung**.

Vertrauen wächst auch durch **Transparenz und Belege**. Selbst als gesichtslose Marke kannst du Erfolge, Stories und Learnings in Untertiteln, Voice-overs oder angepinnten Beiträgen teilen. Zeige Screenshots von Ergebnissen, Fortschritten oder Feedback aus der Community. **Interagiere in den Kommentaren**, beantworte Fragen und liefere über Zeit konstant Mehrwert — so entsteht Vertrauen. Und vergiss nicht: Viele große Marken — von Banken bis zu Softwareunternehmen — funktionieren komplett **ohne Gesicht**. Entscheidend ist nicht das Gesicht, sondern **das Gefühl**, das Menschen mit deiner Marke verbinden.

Denke zuletzt **langfristig**. Gesichtslose Marken sind ideal für **Skalierung und Vermächtnis**. Wenn du deinen Kanal verkaufen, Content lizenzieren oder ein Media-Business aufbauen willst, ist eine gesichtslose Marke oft leichter zu paketieren und zu übertragen. **Du bist nicht das Produkt — der Content ist es.** Indem du Systeme rund um Tonalität, Tools und Botschaft aufbaust, erschaffst du ein **digitales Asset**, das unabhängig von dir wachsen kann. Gesichtslose Inhalte sind damit nicht nur eine Notlösung — sie sind eine

**starke Strategie für Langlebigkeit, Automatisierung und Freiheit**.

## Die Kraft von Andres „Money Habits Checklist"

Andre wollte schon immer etwas Online-Eigenes aufbauen – eine Marke, die wächst, während er seinem 9-to-5 nachgeht, und vielleicht eines Tages sein Einkommen ersetzt. Doch jedes Mal, wenn er YouTube oder TikTok öffnete, sah er Menschen, die tanzten, vloggten oder Comedy-Sketches vor der Kamera machten. Das war nicht er. Er war privat, ruhig und wollte nicht im Mittelpunkt stehen. Lange dachte er, das bedeute Stillstand – bis er zufällig einen **gesichtslosen Motivationskanal** entdeckte, der seine Sicht änderte.

Die Videos waren simpel. **Fette Zitate** blendeten ein. Ruhige, KI-Stimmen lieferten kurze Motivation. Im Hintergrund liefen Stadtlandschaften, laufende Menschen und Meereswellen. Keine Gesichter. Keine Namen. **Nur Mehrwert.** Der Kanal hatte über **300.000 Follower**. Da wurde Andre klar: Man kann eine Marke aufbauen, die etwas **auslöst** – ohne je gesehen zu werden.

Er legte los. Er wählte das Thema **finanzielle Motivation** und schrieb **60-Sekunden-Skripte** mit ChatGPT. Jedes fokussierte eine Idee: raus aus dem Leben von Gehalt zu Gehalt. Er vertonte sie mit ElevenLabs, erstellte Visuals mit Pictory und nutzte jedes Mal **dieselbe Musik und dieselben Schriftarten**. Er nannte seine Marke **„Wealth Mode"** und integrierte in jedes Video den Slogan: *„Es ist Zeit, deinen Hustle in Wachstum zu verwandeln."* Vier Wochen lang postete er konsequent.

Langsam kamen Aufrufe. Dann Kommentare. Dann Shares. Menschen markierten Freunde, schrieben „Das hat mich getroffen" und speicherten die Videos. Obwohl Andre weder sein Gesicht noch seinen echten Namen zeigte, wurde seine Marke **wiedererkannt**. Er fügte ein simples Logo-Wasserzeichen hinzu und erstellte eine Linktree-Seite mit kostenlosen Downloads und Affiliate-Angeboten. Einer seiner Lead-Magnete – die **„Money Habits Checklist"** – wurde im ersten Monat **über 600-mal** heruntergeladen.

Mit dem Wachstum systematisierte er alles. Er baute einen **Notion-Content-Kalender**, automatisierte die Caption-Erstellung und lagerte Voice-overs mit ElevenLabs-Credits aus, trainiert auf seinen Ton. Je mehr Content erschien, desto häufiger suchten Menschen nach **„Wealth Mode"** – nicht nach ihm, sondern nach seiner Marke. Sie hatte ein Eigenleben entwickelt.

Eines Tages bekam er eine Nachricht: *„Deine Videos haben mir geholfen, mein Budget zum ersten Mal seit Jahren einzuhalten. Danke.“* Andre lächelte. Er hatte **kein einziges Wort vor einer Kamera** gesprochen. Kein einziges Mal sein Gesicht gezeigt. Und doch hatte er etwas Reales aufgebaut — eine Marke mit Bedeutung. Eine Marke, die Vertrauen schuf, Leben veränderte **und Einkommen generierte**. Ganz ohne je ins Rampenlicht zu treten.

# Kapitel 9: Der passive Video-Funnel – einmal einrichten, für immer verdienen

Die wahre Magie der KI-Videoerstellung liegt nicht nur in der Content-Produktion — **sondern im Aufbau von Systemen, die passives Einkommen generieren**. Hier kommt alles zusammen: gesichtsloser Content, Automatisierung, Affiliate-Marketing, digitale Produkte und Lead-Generierung — perfekt aufeinander abgestimmt zu einer **passiven Einkommensmaschine**. In diesem Kapitel lernst du, wie du einen **passiven Video-Funnel** entwirfst und startest, der auch lange nach der Erstellung deines Contents weiter **Traffic, Leads und Verkäufe** generiert.

Die Grundidee ist einfach: Du erstellst Videos, die Aufmerksamkeit erzeugen, und verknüpfst diese Videos mit einem **monetarisierten Angebot** — einem Affiliate-Link, einem Produkt oder einem Lead-Magneten. Zuschauer sehen das Video, folgen deinem CTA und kaufen entweder direkt oder treten in deinen Funnel ein. Dieser Funnel übernimmt dann die Nachverfolgung mit **automatisierten E-Mails**, Empfehlungen oder Upsells — alles **einmal eingerichtet** und **vollautomatisch laufend**. Jedes neue Video wird zu einer weiteren Traffic-Quelle, die dieses System speist. Es geht nicht darum, viral zu gehen — sondern darum, digitale „Haken" zu setzen, die sich **über Zeit vervielfachen**.

Schauen wir uns einen **einfachen passiven Video-Funnel** an.

Zuerst wählst du eine Nische mit kaufbereitem Publikum — zum Beispiel **KI-Tools**, **Fitness**, **Budgetierung**, **Produktivität** oder **Bildung**. Dann entscheidest du dich für ein simples Gratis-Angebot — etwa eine Checkliste, ein E-Book oder ein Template. Mit KI-Tools wie **ChatGPT** oder **Canva** erstellst du das in **unter einer Stunde**. Anschließend baust du eine Landingpage mit Tools wie **Systeme.io**, **ConvertKit** oder **MailerLite**, auf der du E-Mail-Adressen im Austausch für dein Freebie sammelst. Danach erstellst du eine kurze E-Mail-Sequenz, die dich vorstellt, Mehrwert liefert und dein Affiliate-Produkt oder digitales Angebot bewirbt.

Nun produzierst du eine Reihe von Kurzvideos, die genau dieses Publikum ansprechen und das Freebie bewerben. Jedes Video enthält einen CTA wie: **„Hol dir meine kostenlose KI-Tools-Checkliste — Link in der Bio."** Diese Videos sind der Motor deines Funnels. Das Schöne daran: Sie bleiben auf **TikTok**, **YouTube Shorts** und **Reels** dauerhaft online. Manche erreichen nur ein paar Hundert Aufrufe, andere Tausende oder mehr. Doch mit der Zeit sorgt der **kumulative**

**Effekt** für eine wachsende E-Mail-Liste und **tägliche Verkäufe** — ohne dass du jeden Tag präsent sein musst.

Damit es wirklich passiv bleibt, **plane deinen Content im Voraus** und **automatisiere die Nachverfolgung**. Tools wie **MailerLite** oder **Systeme.io** ermöglichen automatisierte Sequenzen, die das Freebie ausliefern, Vertrauen aufbauen und Angebote empfehlen — komplett hands-off. Läuft dein Funnel stabil, kannst du mit verschiedenen Hooks, Produkten oder CTAs testen, um die Conversion zu erhöhen. Und wenn du weiter skalieren willst, reinvestierst du Gewinne in **Ads**, **Kooperationen** oder **Outsourcing** der Content-Erstellung.

Der Schlüssel sind **Konsistenz und Geduld**. Viele Creator geben zu früh auf, weil sie sofortige Ergebnisse erwarten. Mit einem Video-Funnel jagst du jedoch keine Likes — du baust ein **Ökosystem**. Dein Content arbeitet **24/7**. Dein Funnel sammelt Leads. Deine E-Mails pflegen Beziehungen und konvertieren. Es kann ein paar Wochen oder Monate dauern, doch sobald das System läuft, wird es wirklich **passiv**. Dann fühlt sich dein digitales Business nach **Freiheit** an — und nicht nach einem weiteren Job.

## Wie Luis zum passiven Einkommens-Creator wurde

Luis liebte die Idee von passivem Einkommen – doch alles, was er ausprobierte, fühlte sich alles andere als passiv an. Dropshipping brachte endlose Kundenbeschwerden. Freelancing ließ keine Zeitfreiheit zu. Bloggen scheiterte an fehlender Konstanz. Eines Abends stieß er beim Scrollen auf YouTube auf ein Video mit dem Titel:
**„Wie ich 2.500 € pro Monat mit KI-Videos verdiene – ohne mein Gesicht zu zeigen.“**
Dieses eine Video veränderte alles.

Der Creator erklärte ein System: Kurzvideos führen zu einer kostenlosen Checkliste, diese zu einem E-Mail-Funnel, und der wiederum zu **Affiliate-Provisionen**. **Einmal eingerichtet – dauerhaft laufend.** Luis war sofort dabei. Er pausierte das Video und begann noch am selben Abend, sein eigenes System aufzubauen. Er wählte eine Nische, die er gut kannte: **Produktivitäts-Hacks**. Mit ChatGPT ließ er eine **„7 KI-Tools, die dir Zeit sparen“-Checkliste** erstellen. Innerhalb von Minuten hatte er ein PDF. Danach baute er mit **Systeme.io** eine einfache Landingpage, die die Checkliste gegen eine E-Mail-Adresse anbot.

Als Nächstes schrieb er mit ChatGPT eine **4-teilige E-Mail-Sequenz**:
E-Mail 1 lieferte die Checkliste,
E-Mail 2 teilte drei Bonus-Tipps,
E-Mail 3 stellte seine Lieblings-App zum Zeitsparen vor (mit Affiliate-Link),
E-Mail 4 verlinkte auf einen **17-€-Produktivitätsplaner**, den er mit Canva erstellt hatte.

Dann kam der Content. Luis nutzte **ChatGPT** und **ElevenLabs**, um **10 gesichtslose Videos** rund um Zeitersparnis zu skripten und zu vertonen. Mit **InVideo** wandelte er die Audios in Videos um und polierte sie in **CapCut**. Jedes Video endete mit einem CTA: **„Hol dir die kostenlose KI-Tools-Checkliste — Link in der Bio."**

Er lud die Videos plattformübergreifend hoch — auf TikTok, Reels und YouTube Shorts. In der ersten Woche passierte nichts. Dann ging ein Video ab:
**„3 KI-Tools, die mir letzten Monat 20 Stunden gespart haben."**
Es erreichte **32.000 Aufrufe**. Seine E-Mail-Liste wuchs in drei Tagen um **über 700 Abonnenten**. Am Ende der Woche hatte er **vier Affiliate-Verkäufe** und **drei Produktverkäufe** erzielt. Sein passiver Video-Funnel war real — und funktionierte.

Mit der Zeit erweiterte Luis seine Video-Bibliothek. Jeder neue Post brachte mehr Zuschauer, mehr Leads und mehr Umsatz. Er postete nicht mehr täglich – er musste es nicht. Sein Funnel lebte. Ob er arbeitete, schlief oder im Urlaub war – seine **KI-gestützten Videos** arbeiteten für ihn. Dieses eine System – an **einem einzigen Wochenende** aufgebaut – wurde das Fundament seines digitalen Businesses. Und jedes neue Video war für ihn ein weiterer Haken im Wasser, der **wochen- oder monatelang passiv Einkommen** anzieht.

# Kapitel 10: Abschließende Gedanken und deine nächsten Schritte — vom ersten Video zum Vollzeit-Einkommen mit KI-Videos

Du hast nun gesehen, wie du ein **KI-gestütztes Video-Business von Grund auf aufbaust** — selbst wenn du **nie vor der Kamera erscheinst, nie deine eigene Stimme aufnimmst** und **keine einzige Szene manuell schneidest**. Was früher nur Influencern oder Video-Profis möglich war, steht heute **jedem offen**, der eine Internetverbindung, eine einfache Idee und die richtigen KI-Tools hat. Doch Wissen ohne Umsetzung bringt nichts. Dieses letzte Kapitel gibt dir einen **klaren Fahrplan** — eine Checkliste mit konkreten nächsten Schritten, um von der Idee zum Einkommen zu kommen, **ein Kurzvideo nach dem anderen**.

Dein erstes Ziel ist simpel: **Erstelle und veröffentliche dein erstes Video.** Denk nicht zu viel nach. Wähle ein Thema, das dich interessiert — Produktivität, Fitness, Geld, Beziehungen oder Motivation — und bitte ChatGPT, ein **30-Sekunden-Skript in deinem Stil** zu schreiben. Nutze anschließend ein Tool wie **ElevenLabs** oder **PlayHT** für das Voice-over und **Pictory** oder **InVideo**, um das Video visuell umzusetzen. Füge mit **CapCut** oder **VEED** Untertitel hinzu. Exportiere das Video und poste es auf **YouTube Shorts**, **TikTok** und **Instagram Reels**. Es muss nicht perfekt sein — **es muss nur veröffentlicht werden**. Dieser eine Post startet deine Reise.

Als Nächstes baust du **Konsistenz** auf. Lege einen realistischen Rhythmus fest — zum Beispiel **3 Videos pro Woche**. Batche deinen Prozess, damit du dich nicht überforderst. Skripte am Montag, Voice-overs am Dienstag, Videos erstellen und einplanen am Mittwoch. Beobachte, was funktioniert. Welche Titel bringen die meisten Klicks? Welche CTAs lösen Reaktionen aus? Lass **Daten deine Kreativität lenken**. Das Ziel ist nicht Viralität — sondern Lernen, Verbessern und der Aufbau einer Content-Maschine, die jede Woche effizienter läuft.

Dann kommt die **Monetarisierung**. Wähle **ein** Produkt oder **ein** Affiliate-Programm, das du bewirbst. Erstelle einen **Lead-Magneten** — eine kostenlose Checkliste, einen Mini-Guide oder ein digitales Tool — und verlinke ihn in deiner Bio. Baue eine einfache Landingpage und eine E-Mail-Sequenz mit **MailerLite** oder **Systeme.io**. Jedes Video wird nun zu einer **Traffic-Quelle** für deinen Funnel.

Mit jedem neuen Post wird dein System stärker. Deine Liste wächst. Deine Umsätze steigen. Und dein Selbstvertrauen wächst mit.

Wenn erste Ergebnisse sichtbar werden, **skaliere smart**. Wiederverwerte Langformat-Content. Verwandle ein **10-minütiges Video oder einen Podcast** mit **Opus Clip** oder **Wisecut** in **10 Shorts**. Baue ein Content-Dashboard in **Notion** oder **Trello**, um Themen, Uploads und Performance zu tracken. Nutze **Make.com**, um Dateiabläufe, Posting und Funnel-Tracking zu automatisieren. Lagere kleine Aufgaben aus, wenn nötig. Jede neue Ebene bringt dich näher an ein Business, das läuft — **ob du arbeitest oder nicht**.

Und denk daran: **Niemand macht es von Anfang an perfekt.** Die erfolgreichsten KI-Creator starteten nicht mit ausgefeilten Systemen oder perfekten Workflows. Sie starteten mit **einem unperfekten Video** und der Entscheidung, dranzubleiben. In einer Welt, in der KI so viele Hürden beseitigt hat, ist deine einzige Aufgabe, **ins Handeln zu kommen**. Du brauchst keine Erlaubnis. Kein Team. **Du musst nur anfangen.**

Deine Stimme zählt — selbst wenn sie KI-generiert ist.
Deine Ideen haben Wert — selbst wenn sie von einem Chatbot geskriptet werden.

Und dein Publikum wartet – selbst wenn du es noch nicht kennst.

Jedes Video, das du erstellst, hat das Potenzial, Einkommen zu generieren, deine Marke zu stärken und das Leben eines Menschen zu verändern. Also mach den ersten Schritt. **Erstelle das erste Video.** Und lass dies der Anfang von etwas Großem sein.

## Marcus' Geschichte

Marcus hätte nie gedacht, dass er einmal digitaler Creator wird. Er war kein Filmemacher. Er hatte kein Studio. Und er mochte es nicht, vor der Kamera zu stehen. Er arbeitete in einem normalen Job, kam müde nach Hause und scrollte zur Entspannung durch Social Media. Doch etwas ließ ihn nicht los: ganz normale Menschen, die **30-Sekunden-Videos** in Einkommensströme verwandelten. „Wenn die das können", dachte er, „warum nicht ich?"

Sein erstes Video war holprig. Die Untertitel passten nicht. Das Timing war komisch. Aber er **hatte es gemacht** – ein gesichtsloses Short darüber, wie man ChatGPT für Produktivität nutzt. Er postete es auf YouTube Shorts und vergaß es. Am nächsten Morgen hatte es **213 Aufrufe**. Nicht viral, aber genug, um sein Herz schneller schlagen zu lassen. Er machte noch eins. Dann noch eins. Am Ende des Monats hatte er **12 Videos** veröffentlicht und **59 E-Mail-Abonnenten** – alles über eine kostenlose Checkliste in seiner Bio.

Zwei Monate später knackte eines seiner Videos die **80.000 Aufrufe**. Seine E-Mail-Liste wuchs auf **1.300 Personen**. Er verdiente seine ersten **400 € an Affiliate-Provisionen** und verkaufte **18 Exemplare** eines **17-€-KI-Toolkits**, das er mit Canva erstellt hatte. Dieses eine Video – nur **48 Sekunden** lang – brachte **jeden Tag Geld** ein. Er baute einen kleinen Funnel. Dann automatisierte er seinen Workflow. Im fünften Monat postete Marcus **drei Videos pro Woche**, die meisten davon an einem einzigen Tag gebatcht – und verdiente mehr mit seinem Side Hustle, als er je für möglich gehalten hätte.

Er zeigte **nie sein Gesicht**. Er nahm **nie seine Stimme** auf. Doch er erstellte Content, der Probleme löste, Vertrauen aufbaute und Geld verdiente. Er hielt es simpel: **eine Idee, ein Tool, ein Video nach dem anderen**. Was als Neugier begann, wurde eine Marke. Was als Nebenprojekt startete, wurde ein System. Und was als Experiment begann, wurde der Anfang von etwas Lebensveränderndem.

Für Marcus war der Wendepunkt nicht die Reichweite oder das Geld. Es war die Erkenntnis, dass er **zu seinen eigenen Bedingungen erschaffen und verdienen** konnte – leise, kreativ und mit voller Kontrolle über seine Zeit. Er hatte etwas Reales aufgebaut – ein **passives Video-Business mit KI**. Und alles begann mit **einem Video**, **einem Upload** und **einer einzigen Entscheidung**, anzufangen.

# Kapitel 11: Über Shorts hinauswachsen – Expansion in Langformat, Kurse und skalierbare digitale Produkte

Sobald dein **Kurzvideo-System** läuft und du Wachstum, Engagement und erste Einnahmen siehst, bist du kein Anfänger mehr — du agierst jetzt wie ein **digitales Content-Business**. In dieser Phase ist **Expansion** der klügste nächste Schritt. Kurzvideos sind extrem wirkungsvoll, entfalten ihr volles Potenzial aber erst, wenn sie mit **Langformat-Content**, **tieferen Angeboten** und **skalierbaren digitalen Produkten** verknüpft werden. In diesem Kapitel erfährst du, wie du von Kurzvideos zu Langformat, Online-Kursen und weiteren digitalen Assets expandierst, um **Autorität aufzubauen und dein Einkommen zu vervielfachen**.

Die erste und natürlichste Weiterentwicklung ist **Langformat-Video**. Wenn du bereits regelmäßig Shorts oder Reels postest, weißt du wahrscheinlich, **welche Themen bei deinem Publikum am besten ankommen**. Schau in deine Analytics: Welche Videos erhalten die meisten Aufrufe, Kommentare oder Saves? Welche sorgen für Klicks oder

Conversions? Genau diese Themen bilden die Grundlage für längere Inhalte. Langformat gibt dir Zeit, **tiefer zu erklären, zu demonstrieren oder Geschichten zu erzählen**. Du kannst YouTube, Podcasts oder vorab aufgezeichnete Webinare nutzen, um die Probleme deines Publikums ausführlich zu behandeln. Und das Beste: **Du musst nicht vor die Kamera**. Bleib gesichtslos mit Screen-Recordings, animierten Präsentationen oder Avatar-Tools wie **Synthesia** für vollständige Videos.

Von dort aus kannst du dein Langformat in **einen Kurs oder ein digitales Produkt** verwandeln. Wenn du z. B. Inhalte zu KI-Produktivität erstellst, könntest du einen **60-minütigen Videokurs** mit dem Titel „**10X deine Zeit mit KI**" bauen und ihn für **27 € oder mehr** verkaufen. Wenn dein Fokus Finanzbildung ist, erstelle einen **downloadbaren Budgetplaner** oder eine **Kredit-Checkliste**. Der einfachste Einstieg: **Wiederverwerte deine bestperformenden Shorts** und strukturiere sie Schritt für Schritt. Nutze **ChatGPT** für Kurs-Outline, Skripte und Salespage-Texte. Verpacke und verkaufe das Ganze mit **Systeme.io**, **Gumroad** oder **Teachable**.

Deine Kurzvideos dienen nun als **Traffic-Magnete**, dein Langformat baut **Vertrauen** auf, und deine digitalen Produkte **schließen den Verkauf**. So verdienen kleine

Creator erst **Hunderte**, dann **Tausende Euro pro Monat** — ganz ohne Viralität. Es geht nicht um ein einzelnes Video, sondern um eine **Reise** für den Zuschauer: ein kostenloses Video → ein Freebie → ein Produkt → ein Fan oder Kunde. Jeder Content-Baustein wird Teil deines **Einkommensmotors**. Mit Automatisierung und KI lässt sich diese Reise **in Tagen statt Monaten** aufbauen.

Der skalierbarste Ansatz ist, **in Angeboten statt nur in Content** zu denken. Welche **Transformation** will dein Zuschauer — und wie lieferst du sie **klarer, schneller und vollständiger** als andere? Dafür zahlen Menschen. Ob Kurs, Template-Pack, Toolkit oder 1-zu-1-Call: Das **Ergebnis** zählt mehr als das Format. Je strukturierter und wertvoller dein Angebot, desto leichter verkauft es sich — besonders, wenn deine Shorts das Publikum vorwärmen.

Vergiss auch **wiederkehrende Einnahmen** nicht. Sobald deine Produkte validiert sind, denke über **Mitgliedschaften oder Abos** nach. Biete monatlich neue Templates, wöchentlich exklusiven Content oder Zugang zu Live-Trainings. Plattformen wie **Patreon**, **Skool** und **Kajabi** machen das einfach. Mit KI kannst du sogar **monatliche Content-Drops automatisieren** — so skalierst du, ohne mehr zu arbeiten. Genau so werden Teilzeit-Creator zu Vollzeit-Unternehmern: durch das **Stapeln** von Produkten,

Angeboten und Recurring Revenue auf einem bereits funktionierenden Short-System.

Die Reise endet nicht bei Shorts. Sie sind nur das **Eingangstor**. Sobald du Video-Content mit einem **strukturierten Angebot**, **Langformat-Education** und einem **skalierbaren Auslieferungssystem** kombinierst, wechselst du vom Creator zum **digitalen Unternehmer**. Ab diesem Punkt hängt dein Einkommen nicht mehr davon ab, wie viele Videos du postest, sondern vom **Wert-Ökosystem**, das du darum herum gebaut hast.

## Ninas Produktivitäts-Toolkit

Nina erstellte seit etwa sechs Monaten Kurzvideos. Was als Neugierprojekt begann, war inzwischen **real** geworden — realer Traffic, echte Follower und **echte Einnahmen**. Ihre gesichtslosen Videos über KI-Tools, Zeitersparnis und Solopreneur-Tipps brachten täglich Affiliate-Provisionen. Die Community wuchs in die Tausende, die E-Mail-Liste wurde klein, aber stetig. Trotzdem spürte sie eine Grenze. Viele fragten: **„Hast du einen Kurs?“** oder **„Wo kann ich mehr lernen?“** Dieser Satz setzte einen Samen.

Sie hielt sich nie für eine Kursanbieterin. „Das ist was für Experten“, dachte sie. Doch beim Blick auf ihre Dutzenden Videos merkte Nina: **Sie hatte längst unterrichtet** – nur in Häppchen. An einem Wochenende öffnete sie ChatGPT und fragte: **„Hilf mir, meine Top-10-TikToks in eine Kursstruktur zu verwandeln.“** Minuten später hatte sie ein Curriculum. Fünf Lektionen, jede mit klarem Problemfokus. Sie nutzte alte Skripte, ergänzte Beispiele und nahm alles **gesichtslos** mit Slides und KI-Voice-over auf.

Nach wenigen Tagen war ihr erster Kurs fertig. Titel: **„Mehr schaffen, weniger arbeiten: Das KI-Produktivitäts-Toolkit“**. Hosting über **Systeme.io**, Preis **29 €**, inklusive Bonus-Template-Pack (erstellt mit ChatGPT und Canva). Sie änderte ihre Video-CTAs zu: **„Willst du den kompletten Guide? Kurs holen – Link in der Bio.“** Am nächsten Morgen kam der **erste Verkauf**. Dann der nächste. Bis Wochenmitte waren es mehrere. Das Gefühl, **aufzuwachen und Verkäufe zu sehen**, von etwas, das sie einmal gebaut hatte? Unschlagbar.

Nina ging weiter. Sie veröffentlichte **Langformat-Tutorials** auf YouTube (10–15 Minuten), komplett gesichtslos, aber inhaltlich stark. Die Videos rankten in der Suche. Unter jedem verlinkte sie ihren **Lead-Magneten**, der in denselben E-Mail-Funnel führte, der den Kurs anbot. Shorts brachten täglichen Traffic. Langformat baute Autorität. Der Funnel konvertierte. **Alles griff ineinander**.

Mit dem Wachstum führte Nina ein **Abo** für **9 € pro Monat** ein: exklusive Workflows, KI-Prompts und Video-Templates. Die Auslieferung automatisierte sie, plante Inhalte im Voraus und ergänzte Bonus-Videos mit ihren bestehenden Tools. Anfangs klein, **stapelte** sich das Abo-Einkommen. Zusammen mit Affiliate-Provisionen und Kursverkäufen verdiente sie bald **mehr als im früheren Nebenjob** – alles über ihre gesichtslose Marke.

Und das Beste? Sie musste nicht mehr täglich neu anfangen. **Ein Video** wurde zu Reel, YouTube Short, Langformat-Breakdown, Blogpost und E-Mail. **Ein Produkt**, einmal erstellt, verkaufte sich täglich. Jetzt verstand sie, was **Skalierung** im Content-Business wirklich bedeutet.

Nina war über Shorts hinausgewachsen. Sie hatte **eine Marke**, **einen Funnel**, **eine Produkt-Suite** und ein **planbares, skalierbares Einkommenssystem** aufgebaut – alles mit KI, alles vom Laptop, **ohne je ihr Gesicht zu zeigen**. Keine Magie. **Konsistenz, Neugier und smarte Expansion**. Und ihre Geschichte? Die fing gerade erst an.

# Kapitel 12: Tracking, Optimierung und Skalierung mit Daten – wie Analytics dein KI-Video-Imperium steuern

Irgendwann auf deiner KI-Video-Reise reicht **reine Konsistenz** nicht mehr aus. Du veröffentlichst regelmäßig, bespielst mehrere Plattformen und erzielst vielleicht sogar erste Einnahmen — **doch ohne Daten weißt du nicht, was wirklich funktioniert**. Genau darum geht es in diesem Kapitel: **Performance messen, Content und Funnel optimieren und deine digitale Video-Marke mit Daten skalieren** — nicht mit Bauchgefühl. Daten sind nicht nur Zahlen — sie sind dein **Wegweiser** zu mehr Views, besseren Conversions und schnellerem Wachstum.

Der erste Schritt ist das Verständnis der **entscheidenden Kennzahlen** für Short-Form-Content. Zwar liefern die Plattformen leicht unterschiedliche Analysen, doch die Kernmetriken sind überall ähnlich: **Aufrufe**, **Watchtime**, **Zuschauerbindung**, **Engagement** (Likes, Kommentare, Shares, Saves), **Click-Through-Rate (CTR)** und **Conversions**. Bei **YouTube Shorts** solltest du die **Retention-Kurven** genau ansehen — wann springen

Zuschauer ab? Bei **Instagram Reels** und **TikTok** sind **Shares und Saves** besonders wichtig — sie zeigen, dass dein Content wirklich getroffen hat. Achte besonders auf die **ersten 3 Sekunden**. Wenn dort viele abspringen, ist dein Hook nicht stark genug.

Ebenso wichtig ist das **Tracking von Klicks und Funnel-Aktivität**. Wenn du einen Lead-Magneten oder ein Produkt bewirbst, nutze **UTM-Links** oder Tools wie **Bitly** bzw. das integrierte Tracking von **Systeme.io**, um zu sehen, **welche Videos die meisten Aktionen auslösen**. Klicken Zuschauer tatsächlich auf den „Link in der Bio"? Welche Videoformate bringen die meisten E-Mail-Anmeldungen oder Affiliate-Verkäufe? Wenn ein Content-Typ konstant besser performt, ist das dein Signal: **Mehr davon**. Nicht annehmen — **bestätigen**. Lass die Zahlen deine nächsten Schritte lenken.

Um den Überblick zu behalten, erstelle ein **einfaches Analytics-Dashboard**. Das geht mit einer **Notion-Vorlage**, **Google Sheets** oder einem kostenpflichtigen Tool. Mindestens solltest du erfassen: **Datum**, **Titel/Thema**, **Plattform**, **Views nach 48 Stunden**, **Gesamtviews nach 7 Tagen**, **CTA** sowie **Leads oder Verkäufe**. Markiere oder farbcodiere die besten Videos. Mit der Zeit entstehen **Muster** — du erkennst, **welche**

**Uhrzeiten**, **Längen** und **CTAs** am besten funktionieren. Dann wechselst du von „Posten und Hoffen" zu **„Präzise Publizieren"**.

Sobald klar ist, was funktioniert, geht es ans **Optimieren**. Das kann bedeuten: Hooks neu schreiben, Visuals anpassen, den CTA schärfen oder mit **Voice-Stil** und **Caption-Design** experimentieren. Teste **immer nur eine Variable**. Beispiel: Nutzt du einen neuen CTA in fünf Videos und siehst einen Conversion-Sprung, weißt du, dass er wirkt. Für Langformat kannst du **A/B-Tests** bei Titeln oder Thumbnails machen. Mit KI geht das schneller denn je: **ChatGPT** generiert dir fünf Hook-Varianten oder zehn CTA-Zeilen auf Knopfdruck.

Optimierung betrifft auch deinen **Funnel**. Bekommen deine Videos Views, aber die Landingpage konvertiert nicht? Dann ist das Freebie vielleicht unklar oder nicht attraktiv genug — oder die E-Mails passen tonal nicht zum Content. Nutze **MailerLite**, **Systeme.io** oder **ConvertKit**, um **Öffnungsraten**, **Klicks** und **Verkäufe** zu messen. Viele Öffnungen, aber keine Klicks? Mehr Dringlichkeit im Text. Klicks, aber keine Käufe? Positionierung oder Preis prüfen. **Die Zahlen sagen es dir — wenn du hinhörst.**

Danach kommt die **Skalierung**. Hast du deine Gewinner-Formel gefunden — ein performantes Format, einen konvertierenden Funnel und ein verkaufendes Produkt – ist deine Aufgabe klar: **Mehr von dem, was funktioniert**. Das kann höhere Posting-Frequenz bedeuten, stärkere Wiederverwertung, Outsourcing oder sogar **Ads**, um Reichweite zu verstärken. Du kannst dein bestes Video als **beworbenes Reel** oder **TikTok Spark Ad** ausspielen und neue Zielgruppen testen. Mit Analytics im Rücken bringt **jede investierte Minute und jeder Euro** mehr.

Und schließlich schenkt dir Tracking noch etwas Wichtiges: **Selbstvertrauen**. Wenn du weißt, was wirkt – belegt durch Daten – hörst du auf zu grübeln. Du jagst keine Trends mehr und kopierst niemanden blind. Du triffst **schnellere, bessere Entscheidungen**. Dein KI-Video-Brand wird mehr als ein kreatives Projekt – er wird ein **echtes Business**, datenbasiert, systemgetrieben und nach deinen Regeln skalierbar.

## KI-Power: Savannah

Savannah erstellte seit über fünf Monaten **gesichtslose KI-Videos**. Ihr Content war konsistent, sauber produziert und zunehmend beliebt. Einige Shorts überschritten **50.000 Views**. Ihre E-Mail-Liste wuchs auf **über 2.000 Abonnenten**, und wöchentlich liefen erste Produktverkäufe.

Trotzdem fühlte es sich an, als sei das Wachstum ins Stocken geraten. Manche Videos gingen durch die Decke, andere floppten – **ohne erkennbaren Grund**. Da merkte sie: Sie arbeitete **im Dunkeln** – raten statt messen.

Sie tat etwas Neues: Sie baute ein **Daten-Dashboard**. Zunächst ganz simpel in einer Tabelle. Sie listete jedes Video des Monats auf: Titel, Plattform, Views nach 48 Stunden sowie E-Mail-Anmeldungen oder Verkäufe. Die Muster überraschten sie. **Ihr bestkonvertierendes Video** – mit **42 Kursverkäufen** – hatte **nicht** die meisten Views. Im Gegenteil: **unter 5.000**. Aber der Hook war glasklar, traf **einen** Schmerzpunkt und endete mit einem starken CTA: **„Lade die Checkliste herunter und erhalte das KI-Tutorial."**

Neugierig analysierte Savannah weiter. Ihre Top-Videos hatten eines gemeinsam: **klare Struktur**. Starker Hook, **2–3 schnelle Punkte**, klarer Abschluss mit Angebot. Die schwächeren Videos waren oft reine Listen – Fakten ohne Emotion, Dringlichkeit oder CTA. Sie überprüfte ihren Funnel und erkannte: Die Landingpage war zu vage. „Kostenloser KI-Guide" sagte nicht, **was** man lernt oder **welchen Nutzen** man hat. Sie änderte die Headline zu: **„3 KI-Tools, die dir diese Woche 10 Stunden sparen – plus**

**Bonus-Video-Walkthrough.“** Die Opt-ins stiegen **um 38 % in einer Woche**.

Savannah testete neue CTAs mit ChatGPT: zehn stärkere Schlusszeilen pro Skript. Sie tauschte sie aus und trackte die Ergebnisse. Fünf Videos mit **„Klicke den Link in der Bio für den kompletten KI-Workflow“** verdoppelten die Conversions. Dann stellte sie fest: Posts zwischen **11 und 13 Uhr** performten **40 % besser** als abends. Sie passte den Zeitplan an. Ein weiterer Fund: **Leuchtender Rahmen** um die Captions erhöhte die Retention um **12 %.** Kleine Hebel, große Wirkung.

Jede Woche prüfte Savannah ihre Tabelle. Sie markierte Gewinner-Videos, notierte starke Hooks und ergänzte eine **„Conversion-Score“-Spalte**. So entstand eine Bibliothek bewährter Ideen zum Recyceln und Remixen. Das Einkommen wuchs wieder – diesmal **planbarer**. Kein Raten mehr. **Strategische Entscheidungen**, datengetrieben statt dopamingetrieben.

Eines Tages sah sie den Meilenstein: **5.014 € Umsatz in 30 Tagen** aus Video-Traffic, E-Mail-Sales und automatisierten Funnels. Sie hatte nicht mehr gearbeitet – **nur smarter**. Durch konsequentes Tracking ließ sie Unwirksames weg und verdoppelte das Wirksame. Savannahs gesichtslose

Video-Marke lief jetzt wie ein Unternehmen. Und das Dashboard, das sie früher mied, wurde zu **ihrem wertvollsten Tool**.

# Epilog: Eine neue Ära der Creator — und du bist einer von ihnen

Wir erleben gerade einen der **tiefgreifendsten Umbrüche der digitalen Geschichte**. Über Jahrzehnte hinweg war es nur wenigen vorbehalten, mit Content Geld zu verdienen – Prominenten, Influencern mit großen Budgets oder technisch hochqualifizierten Profis. Wer keine teure Kamera hatte, keine Videobearbeitung beherrschte oder nicht den Mut besaß, sein Gesicht zu zeigen, blieb oft außen vor. **Doch das hat sich geändert.** Dank künstlicher Intelligenz sind die Gatekeeper verschwunden. Das Spielfeld ist eben. Und jetzt kann zum ersten Mal **jeder — auch du — ein videobasiertes Business von zu Hause aus aufbauen**, anonym und mit nahezu null Startkosten.

Dieses Buch ging nicht nur um Tools und Taktiken. Es ging darum, **eine Denkweise freizuschalten**. Die KI-Revolution ist nicht nur technisch — sie ist persönlich. Sie gibt dem stillen Creator eine Stimme, ermöglicht Eltern im Teilzeitmodus Einnahmen, hilft Studierenden zu skalieren, erlaubt Unternehmern zu automatisieren und ermutigt Träumer, ins Tun zu kommen. Du brauchst keine Erlaubnis, keine

Erfahrung und keine „Personal Brand“, um zu starten. Du musst weder das Gesicht noch die Stimme deines Contents sein. **Alles, was du brauchst, ist eine Botschaft, die es wert ist, geteilt zu werden**, die Bereitschaft, dranzubleiben, und die Offenheit, unterwegs zu lernen.

Was du hier gelernt hast, ist ein **Blueprint** – einer, den echte Menschen **jetzt gerade** nutzen, um echte Einkommen mit Videos aufzubauen, die sie in Minuten erstellt haben. Du hast gesehen, wie man **gesichtslosen Content mit KI** produziert. Du hast gelernt, **passive Funnels** zu bauen, die Views in **Euro** verwandeln. Du hast erkundet, wie man **Langformat-Angebote, Kurse und Produkte** erstellt. Und vor allem weißt du jetzt, wie du **ein paar Minuten fokussierter Kreativität in digitale Assets** verwandelst, die dich immer wieder bezahlen – sogar im Schlaf. Das ist mehr als ein Side Hustle – **das ist digitaler Hebel**.

Bleib jedoch nicht stehen. Dein Erfolg wird nicht daraus entstehen, **mehr** zu tun, sondern die **richtigen Dinge konsequent** zu tun. Das bedeutet: ein Kernthema wählen und jede Woche Videos veröffentlichen. Eine einfache E-Mail-Liste aufsetzen und im Gegenzug für Vertrauen echten Mehrwert bieten. Content erstellen, der hilft, bildet, unterhält oder inspiriert – und ihn dann **plattform- und zeitzonenübergreifend** für dich arbeiten lassen. Du musst nicht der Beste sein – **nur nützlich**. Du musst nicht berühmt sein – **nur auffindbar**. Das ist die Schönheit dieser neuen digitalen Ökonomie.

Die Zukunft gehört Creatorn, die **Systeme verstehen**. Die KI nicht nutzen, um Abkürzungen zu nehmen, sondern um ihre Wirkung zu **vervielfachen**. Die erkennen, dass **eine Idee** in 30 Sekunden geskriptet, in einer Minute vertont, in zehn Minuten zum Video und **monatelang monetarisiert** werden kann – alles vom Laptop oder Smartphone aus. Wir sind über Aufmerksamkeit um der Aufmerksamkeit willen hinaus. **Wir leben im Zeitalter des zielgerichteten Contents** – in dem Videos zu Mehrwert führen, Mehrwert zu Vertrauen und Vertrauen zu Freiheit. Deine Videos unterhalten nicht nur; **sie öffnen Türen**. Sie stellen vor, qualifizieren und verkaufen.

Und was passiert, wenn du wächst? Du **gewinnst Zeit zurück**. Du hörst auf, Algorithmen zu jagen, und beginnst, aus **Ausrichtung** zu kreieren. Deine gesichtslose Marke steht auf eigenen Beinen. Menschen vertrauen deiner Stimme – selbst wenn sie generiert ist. Sie folgen deinem Rat – selbst wenn er kurz ist. Sie kaufen deine Produkte – selbst wenn sie einfach sind. Weil du für sie zum **Guide** geworden bist. Du warst konstant mit Antworten da. Du hast Lösungen angeboten, wenn andere schwiegen. Und diese Verlässlichkeit baut etwas Stärkeres als Follower — **sie baut Community**.

Hier stehst du nun, am Anfang von etwas Kraftvollem. Du hast die Lernkurve gemeistert. Du hast gesehen, was möglich ist. Und jetzt triffst du die wichtigste Entscheidung: **Machst du weiter?** Verpflichtest du dich zu konsistenter Veröffentlichung? Verwandelst du deinen besten Content in ein Produkt? Baust du diesen Funnel und automatisierst ihn? Nimmst du das Gelernte und machst daraus ein **lebendiges Einkommenssystem**, das mit oder ohne dich läuft?

Denn wenn du es tust, ändert sich alles. Du beginnst zu verdienen, **ohne Zeit gegen Geld zu tauschen**. Du wachst auf zu neuen Followern, neuen Abonnenten und neuen Provisionen — nicht weil du härter hustlest, sondern weil du **smarter systematisierst**. Du kannst reisen, ruhen oder Neues aufbauen, während dein Content weiter dient und dich belohnt — **leise, konstant und vorhersehbar**. Und eines Tages blickst du zurück und erkennst: Es ging nie nur um Videos. **Es ging darum, ein Leben zu deinen Bedingungen aufzubauen.**

Das ist **deine Ära**. Die KI-gestützte, creator-getriebene, gesichtslose Markenrevolution ist da. Die Tools sind bereit. Das Publikum wartet. Und der erste Schritt ist immer noch der kraftvollste: **Laptop aufklappen, nächstes Skript schreiben und veröffentlichen.** Video für Video baust du nicht nur Einkommen – **du baust Freiheit**. Und darum geht es bei dieser Bewegung mehr als um alles andere.

Also geh mutig voran. Geh konsequent voran. Geh intelligent voran. Und vergiss nie: **Du musst nicht gesehen werden, um Wirkung zu erzielen — du musst nur präsent sein.**

Willkommen in deinem neuen Leben als Creator.

www.ingramcontent.com/pod-product-compliance
Lightning Source LLC
LaVergne TN
LVHW022017200926
848481LV00007B/2432